다시,
관계의
집으로

다시, 관계의 집으로

1판 1쇄 펴냄 2013년 6월 28일
1판 3쇄 펴냄 2015년 12월 15일

지은이 최우용

주간 김현숙
편집 변효현, 김주희
디자인 이현정, 전미혜
영업 백국현, 도진호
관리 김옥연

펴낸곳 궁리출판
펴낸이 이갑수

등록 1999. 3. 29. 제300-2004-162호
주소 10881 경기도 파주시 회동길 325-12
전화 031-955-9818(28, 38)   **팩스** 031-955-9848
E-mail kungree@kungree.com
홈페이지 www.kungree.com
트위터 @kungreepress

ISBN 978-89-5820-254-7   03610

값 15,000원

다시,
관계의
집으로

건축이 세상과 소통하는 몇 가지 방법에 대하여

최우용 지음

궁리
KungRee

프롤로그

|

"손자야, 김수근 선생만큼 훌륭한 건축가가 되어라."

건축학과 입학 후 처음 학교에 가던 날 할아버지가 하셨던 말입니다. 할아버지는 신문사에서 글을 쓰고 편집을 했던 분입니다. 그러니까 문학적인 글쓰기가 아닌, 사실의 기록을 글에 담는 분이었습니다. "기사를 가장 로맨틱하게 쓴 낭만주의자가 네 할아버지셨다." 중학생이었던 제게 할아버지의 후배는 이렇게 말했습니다. 로맨틱한 신문기사라! 사실事實은 그저 단순히 있었던 일에 불과하지만 그것의 기록은 낭만적일 수도 있구나.

할아버지는 당신과 건축가 김수근 선생의 일화를 들려주었습니다. 한국에 '쑈윈도'가 처음 등장하던 해, 할아버지는 역사적인 장면을 담기 위해 기념식에 참석했는데, 바로 그 자리에 쇼윈도의 건축적 의미를 설명하려고 김수근 선생이 와 있었다고 합니다. 그리고 그곳에서 두 분은 짧게 담소를 나누었는데, 한국 건축계에 혜성처럼 등장한, 잘생기고 배짱 두둑한 건축가라는 세간의 평가 때문인지, 할아버지는 당신보다 열두 살 연하의 그 건축가가 영 범상치 않아 보였던 모양입니다. 꽤나 선명하게 그 일을 기억하셨던 걸 보면 말입니다. 그 멋진 건축가만큼이나 당신의 손자 또한 그렇게 될 수 있다는 할아버지의 바람은 제가 건축을 하는 또 하나의 큰 이유이기도 합니다.

정력적인 삶을 산, 로맨티스트였던 할아버지의 오늘은 매우 고요합니다. 몇 해 전, 할아버지는 심각한 쇼크 상태를 경험했습니다. 할아버지는 금단의 공간에 파리한 몸을 뉘고, 산소 호흡기에 의지한 채 손자의 이름만을 간신히 불렀습니다.

의사 선생님의 배려로 들어갈 수 있었던 그 공간의 숨 막히는 정적을 저는 잊을 수가 없습니다. 들리는 것이라고는 활력 징후를 전해주는 의료 기기의 삐-삐-거리는 소리가 전부인 곳. 모든 기억을 원점으로 소급시킬 듯한 그 차갑고 하얀 정적의 공간에서, 할아버지는 당신이 갖고 있던 많은 기억들을 훨훨 날려 보냈습니다. 어쩌면 김수근 선생과의 짧은 만남 또한 놓아버렸는지도 모르겠습니다.

퇴근 후, 거실 한켠 환자용 침대에 누워 있는 할아버지의 눈을 들여다봅니다. 매일 하루만큼씩 스러져가는, 그러나 삶의 마지막 장을 고요히 써내려가는 할아버지의 눈에는 당신의 찬란했던 젊은 날의 기억이 어른거립니다.

문득, 무명無名을 무기 삼아 내 서투름과 함께한 건축을 이야기하고 싶었습니다.

건축, 이 매일을 비비고 사는 일상의 흔하고 흔한 대상에 어떤 살을 붙여 생각의 씨앗을 틔울 수 있을까를 생각했습니다. 그래서 나는 매일을 보지만, 그 매끄러운 덩어리와 외관에 가려진 건축의 안 보이는 곳을 뒤적거려 보기로 했습니다.

차례

———————

무엇이 얼마만큼 변했는가는 크게 여기지 않는다.

무엇이 왜 안 변했는가를 알아내는 것이 더 중요하기 때문이다.

『관촌수필』, 이문구

그랬으면 좋겠네.

정말,

이젠 그랬으면 좋겠네.

———————

다시,
존재의 집에서 관계의 집으로

관계의 집. 까마득히 먼 옛날, 우리의 선조들이라 불릴 만한 인류가 드디어 두 발로 걷기 시작하면서 얻게 된 것은 두 손의 자유였다. 이때부터 인류는 자유로워진 두 손을 부지런히 움직이며 무엇인가를 만들기 시작했다. 그들은 돌을 때거나 갈거나 해서 연장을 만들었고, 이것을 통해 삶의 실용적 행위들을 좀 더 적극적으로 감당해 나갔다.

그리고 그들은 '만들 수 있다'는 자신감을 바탕으로 컴컴한 동굴을 나와 그 갸륵한 연장을 동원하여 살 집을 스스로 짓기 시작했다. 집 짓는 사람들, 호모 아키텍투스*Homo Architectus*의 출현이라 할 만하다. 집짓기의 역사, 건축사의 시작이다.

동굴을 나온 그들의 당면과제는 눈, 비, 바람 그리고 사나운 짐승

들로부터 목숨을 지켜내고 일상을 버텨내는 것이었다. 건축의 역사는 인류를 둘러싸고 있는 자연의 공포와 경외로부터 시작되었음이 분명하다. 이러한 공포와 경외는 근본적으로 인간 자신의 나약함을 인정하는 것에서 시작된다. 그리고 이 지점에서 토템도 샤먼도 그리고 신도 생겨나며 제도와 철학도 삶의 대지 밑에 뿌리를 내린다. 호모 아키텍투스는 이 모든 것들을 서로 붙들어 매고 이어 붙이며 관계의 집을 만들었다. 지역과 기후가 다르고 인종과 문화가 다르고, 그래서 삶의 방식과 기술의 전개 양상이 다르기에 이 관계의 집들은 다양한 모습으로 전개되었다.

존재의 집. 시간은 흘렀다. 서구의 근대는 '나'의 발견에서 시작되었다. 이는 '존재'에 대한 무서운 집중에 다름 아니었다. 개별적 대상 하나를 파고들고 쪼개서 그 홀로만의 온전함을 드러내고자 하는 것, 그것이 근대 철학의 시작이자 최종 목적지였다. 홀로 온전하고 또 완전해야 했기에 근대 철학이 파고드는 대상은 자기 완결적이어야 했다. 서구의 근대 철학은 비약적으로 발전하고 있는 근대 과학을 무기 삼아 존재의 이름으로 관계를 소거시켜 나갔다.

근대가 낳은 근대 건축은 이 존재론적 관점에서 철저했다. 근대 건축가들, 이 맹렬한 모더니스트들은 그들 스스로가 설정한 건축의 안으로 파고들며 세계 어디에도, 또 어떤 다른 환경에도 이식될 수 있는 표준화된 국제적인 스타일^{The International style(국제주의 양식)}, 국제적인 건축을 꿈꿨다.[*]

이 근대 건축가들의 꿈은 서구 세계의 물리적 팽창과 더불어 세계 각처에 성공적으로 이식된 것으로 보인다. 유럽의 건축도 미국의 건축도 일본의 건축도 우리의 건축도 그리고 산업화된 대부분의 나라에서 세워지고 있는 건축도 이 근대 건축의 기반 위에 우뚝하다. 이 공격적인 근대 건축의 전파는 각 지역의 오래되고 다양한 관계의 집들을 대신하며 찬란한 존재의 집을 꽃피웠다.

다시, 존재의 집에서 관계의 집으로. 우뚝함을 미덕으로 삼는 많은 현대 건축은 근대 건축의 또 다른 말이다. 우리 삶의 물리적 조건을 장악한 존재의 집들은 자기 완결적이기 위해 주변과의 관계를 끊어내고 그 존재의 안으로 깊게 파고들었다. 그러나 관계를 거세당한 이 자기 완결은 대부분 헛것이었다. 저 우뚝하고 거대한 건축은 외부로부터 끊임없이 공급되는 에너지에 의존하고 있으며, 생산성의 논리 그리고 근대를 향한 지독한 짝사랑과 관성적 설계방법론에 이끌어진 공간은 관계를 절단당한 채 자폐적으로 닫혀 있다.

나는 생각한다, 고로 나는 존재한다. 데카르트의 '나'는 철저히 인간 중심적이었다. 이때부터 인간 외의 모든 것들은 인간을 위해 봉

---

* 근대 건축과 국제주의 양식은 동률 또는 등가가 아니다. '근대 건축'이라는 용어 안에는 다른 많은 근대적 건축 사조들이 포함되어 있다. 북유럽을 풍미했던 알바알토의 (근대)건축이나 미대륙을 무대로 펼쳐졌던 프랭크 로이드 라이트의 (근대)건축 등이 그러한 예인데, 이들의 건축은 근대적 특성들과 더불어 강한 지역성도 내포하고 있다. 그러나 근대 건축의 전개 양상을 통해 봤을 때, 근대 건축의 '주류'라고 할 수 있는 부류는 르 코르뷔지에나 미스 등과 같은 서유럽의 거장들에 의해 주도되었던 '국제주의 양식'이라 할 수 있을 것이다.

사해야 할 처지에 놓이기 시작했다. 신은 죽었으며, 관계는 절단되었고, 자연의 불모^{不毛}는 시작되었다. 외부 의존적이며 자폐적인 존재의 집 안에는 신도, 관계도, 자연도 거할 수 없음을 우리는 이제 알고 있다. 그래서 우리는 다시 관계의 집을 이야기하기 시작했다.

나는 건축을 학^學으로 이야기할 능력이 부족하며, 다만 잊혀가거나 사라져가거나 변해가거나 또는 구석과 변방에 놓인 건축이 만들어내는 관계를 이야기할 수 있을 뿐이다.

나는 뭍과 섬의 농경이 만들어낸 초가집과, 푸른 눈의 이방인이 제주에 만든 기이한 시멘트집과, 대륙에서 반도로 반도에서 섬으로 건너간 어느 건축의 유전자와, 죽음과 삶을 연결하는 상엿집을 말하고 싶다.

나는 두터운 돌벽 속에 두문불출하던 중세 유럽의 수도원과, 나무를 바라보던 옛 백제 건축가와, 그 건축가들이 완성한 나무 건축과, 오래된 절집의 오래된 기둥과, 새로운 도서관의 새로운 기둥과, 도시에 만개해 있는 노출 콘크리트 집들을 말하고 싶다.

나는 서글픈 아파트의 역사와, 빈민촌의 허름한 공부방과, 기만적인 랜드마크의 허구와, 자동차를 향한 건축과 도시의 짝사랑을 말하고 싶다.

나는 부석사 무량수전 기둥 속에 들어 있는 화엄과, 채를 나눈 어떤 수도원과, 로맨티시즘의 피렌체를 말하고 싶다.

나는 건축가 김수근의 빛과 그림자와, 건축가 훈데르트바서가 말한 곰팡이 성명서와, 두 디자이너 스티브 잡스와 빅터 파파넥을 말하고 싶다.

　그래서 나는 여행객의 눈으로, 몽상가의 눈으로, 관찰자의 눈으로, 때로는 소설가의 눈으로 호모 아키텍투스의 집을 이야기하려고 한다.

1

몽상가의 눈으로

: 겨우겨우 남겨진 것들에 부치는 향수

밤가시초가, 사랑방과 연결된 오목한 외부 공간 ©최우용

모질게 남아 있는 살림집의 흔적,
일산 정발산 밤가시초가

개벽 같은 변화 속에 모질게 살아남은 집

나는 평일은 서울과 일산을 오가며, 주말은 인천에서 얹혀산다. 다 큰 남자가 독립하지 못하고 기식하는 것이 가끔은 답답하고 서러울 때도 있다. 그래도 먹고 자는 곳이 많다보니 비비적거리는 일상의 테두리는 그만큼 넓다. 인천으로 가지 않는 주말, 나는 10년을 넘게 살고 있지만 아직도 낯설기만 한 일산의 구석을 후비고 다닌다.

일산은 내륙으로 열려 있다. 한강 하구의 남쪽은 김포평야고 북쪽이 일산평야였다. 평야에 걸쳐 있던 일산은 너른 땅으로 일찍부터 취락이 발달해 있었다. 1991년 일산 신도시 개발을 위해 지표 조사를 할 때, 당시의 일산 송포면 대화4리 가와지마을에서 기원전 3

천 년 전에 탄화된 볍씨가 발견되었다. 볍씨는 농경이 이루어졌다는 증거로, 이는 한반도 농경의 역사가 청동기가 아닌 신석기 시대에 시작되었음을 의미한다. 그러나 그 옛날 일산에서의 농사는 잘 되지 않았을 것이다. 한강 하구의 잦은 범람으로 토양은 비옥하나 침수 피해가 잦았기 때문이다. 그러다가 1970년대에 들어 배수 시설을 갖추고 경지를 구획하면서부터 일산평야를 이루게 되었다. 이때부터 일산은 맛 좋고 향기 좋은 일산미一山米를 생산해내기 시작한다. 1990년대에 들어서 일산 신도시 개발이 발표된 후, 논밭이 일궈낸 수평의 일산은 벼락 치듯 들어서는 건물들의 수직으로 개벽한다. 굴곡의 곡면에 적응하며 수평의 논과 밭을 이루던 사람들의 삶도 수직을 받아내는 완벽한 수평의 삶으로 일변한다.

개벽과도 같은 이러한 변화 속에서 모질게 살아남은 굴곡이 하나 있는데, 바로 정발산이다. 정발산의 해발 고도는 88미터다. 산이라고 부르기에는 겸연쩍은 높이다. 정발산이 놓인 마을의 옛 이름은 밤가시마을인데, 주변에 밤가시나무가 지천이라 붙여진 이름이다. 이 정발산 밑자락, 일산의 아파트가 만들어낸 개벽의 수직 속에 모질게 살아남은 초가집이 한 채 있어 보는 이들은 처연하다.

일산 신도시의 개발이 한창이던 1990년대 말까지도 밤가시초가에는 실제로 사람이 거주하고 있었다. 농경의 삶에 맞춤이었던 집이기에 결국은 삶의 방식의 변화에 밀려나 실제 집주인은 떠나고, 지금은 민속자료로서의 보존 가치를 인정받아 1991년 10월 19일 경기도 민속자료 제8호로 지정되었다.

'사는 것은 반드시 산골짜기에 의지하고 모두 띠로써 집을 덮는데, 오직 절과 사당, 궁궐, 관청만이 기와를 쓴다.'

『구당서舊唐書』「동이전東夷傳」 고려(고구려)조高麗條에 나오는 기사記事다. 기사에 따르면 삼국시대에 이미 와가瓦家, 기와집와 초가草家가 모여 촌락을 이루었다는 것인데, 지붕 재료가 제각각인 것으로 보아 지붕 밑을 이루는 축부의 꼴은 이미 당시에 지금과 같은 형태로 정형화되었을 것으로 추정된다. 오늘날 우리가 보는 초가의 모습은 2천 년의 시간을 훌쩍 건너와 그때의 모습과 지금의 모습이 별반 다르지 않을 것이다.

최소한의 미적 욕심마저 걷어내고

내가 살 집은 내가 짓는다. 이것이 초가의 시작이다. 그래서 초가는 주인의 살림 의지를 따른다. 없으면 없는 대로, 있으면 있는 만큼만 삶의 물리적 방식을 주인이 전개해 나간다. 초가의 주인은 자신의 삶에 맞추어 집의 공간을 스스로 구성한다. 이것이 초가의 핵심이다. 초가는 삶과 따로가 아니다. 그래서 초가를 보는 일은 집주인의 삶을 보는 일이기도 하다.

밤가시초가는 거의 모든 부재를 밤나무로 감당하고 있다. 밤나무는 참나무과에 속하는 낙엽성 교목으로 잘 자라면 10미터가 넘게 자란다. 밤나무는 재질이 단단하고 탄성이 좋다. 몸에 있는 타닌 성분 덕분에 잘 썩지 않아 수명이 길고 특별히 방부 처리를 하지 않아도 된다. 집짓기에 부족함이 없는 나무다.

모질게 남아 있는 살림집의 흔적, 일산 정발산 밤가시초가

밤가시초가에는 반듯한 직선을 향한 가공은 없다.　문 아닌 문 또는 창 아닌 창 ©최우용
©최우용

초가를 이루는 뼈대인 축부軸部, 즉 기둥과 도리, 대들보 등은 모두 가늘다. 무거운 기와를 얹는 집이 아니기에 굵을 필요가 없다. 축부 자체가 흔들리지 않고 가벼운 볏짚 정도만 문제 없이 일 수 있으면 초가의 축부는 제 역할을 다하는 것이다. 뼈대 이외의 힘을 받지 않는 부재는 더더욱 가늘다. 밤가시초가의 입면을 가로와 세로로 분할하고 있는 기둥, 인방, 창방, 도리 등의 선들이 가는 이유다. 가느다란 선들로 분할되어 있는 밤가시초가의 외관은 질박하게 아름답다.

밤가시초가는 대부분의 초가가 그렇듯 전문 목수의 손을 빌리지 못하고 이웃들의 품앗이로 지어졌다. 그래서 가공하는 데 드는 품을 덜기 위해서 나무가 자라난 그 본래의 형상을 받아들였다. 이런 이유로 밤가시초가에서 반듯한 직선을 향한 가공은 찾기 힘들다. 기둥과 대들보 같은 대형 부재副材는 대략만을 가공만 하고 마름질을 정밀하게 하지 않았다. 대패를 쓰지 못했기 때문이다. 기둥에 자귀질한 흔적이 그대로 남아 있으며, 그 흔적 위에는 새까맣게 반들거리는 손때가 시간을 적층시키고 있다. 비교적 작은 부재인 서까래 등은 그나마도 가공하지 않고 원래의 나무를 통으로 사용하였다. 건축물이기에 가져야만 할 것 같은 최소한의 미적 욕심조차 스며들 틈은 많지 않아 보인다. 그러나 부재 각각의 본래 형상은 거칠지만, 그 조화로운 조합은 질박하게 아름답다.

밤가시초가의 평면은 'ㅁ'자 형이다. 가운데 봉당안마당을 중심으로 사랑방, 건넌방, 마루, 안방, 부엌, 아랫방, 외양간이 똬리 모양을 틀고 있다. 봉당은 지붕이 열려 있다. 그래서 밤가시초가는 'ㅁ'자의 똬리집이다. 볕드는 봉당은 여러 용도로 사용되었을 것이다. 여기서 농작물의 뒷손질을 하고 고추도 말리고 했을 것이다. 또한 비 들고 눈 드는 봉당은 농경의 고단한 삶 속에 적요한 관조의 공간이 되었을 것이다. 바깥주인은 사랑방에서, 안주인은 마루에서, 아들과 딸은 건넌방과 아랫방에서 봉당에 쏟아지는 봄볕에 나른했을 것이고 떨어지는 빗소리에 아늑했을 것이며 흩날리는 눈에 시름을 덜었을지 모른다.

각 방은 각자의 아궁이와 구들을 갖추고 있다. 필요에 따라, 필요한 방만 난방했을 것이다. 불필요한 소비를 최소화하기 위해서였다. 농경의 삶뿐 아니라 생산의 비약적 발전 이전의 건축 역사에서는 난방이 필요 없는 곳은 당연히 난방을 하지 않았다. 한겨울에 속옷 바람으로 생활하는 삶 속에서 각자의 아궁이에 따로따로 불을 지펴야 하는 일은 불편일 것이나, 이 불편이 미래에 대한 구속력을 줄이는 모습이라는 것에는 이견이 있을 수 없다.

밤가시초가의 사랑방에는 개구부가 네 개 있다. 두 개는 문이고 하나는 창인데 나머지 하나는 문도 아니고 창도 아니다. 마치 문을 옆으로 눕혀 달아놓은 모습이다. 이곳으로 사람이 쉬 드나들 수는 없을 것이나 열어젖혀 그 너머의 상황을 파악하고 상반신을 내밀어 간단한 손작업은 할 수 있을 것이다. 이 문 아닌 문, 또는 창 아닌 창은 외부 마당과 연결되어 있는데, 외부 마당은 처마 안쪽으로 벽선이, 그러니까 사랑방의 외벽이 처마 깊숙한 안쪽으로 물러나 오목한 외부 공간을 만들어내고 있다. 이 눕혀진 문은 이 오목한 공간과 방을 연결하고 있다. 농경의 삶은 일기에 반응하는 삶. 바깥주인은 방안에 머무르며 눕거나 앉아 있을 때, 수시로 문을 열어 기상을 살피고 외부에 벌여놓은 작업을 건사했을 것이다. 이 문 아닌 문 또는 창 아닌 창의 독특한 모습은 밤가시초가의 삶을 가장 상징적으로 보여주고 있다.

살림집이 살림집인 이유

이제는 초가를 보기가 쉽지 않다. 도시는 영점 상태의 수평을 목표

밤가시초가의 평면은 'ㅁ'자 형이다. 가운데 봉당을 중심으로
사랑방, 건넌방, 마루, 안방, 부엌, 아랫방, 외양간이 따리 모양을 틀고 있다.

밤가시초가 전경 © 최우용

로 모든 초가를 들어냈으며 농촌의 초가는 새마을운동과 함께 '근
대화'에 발맞추어 '계량화'되었다. 헐리고 없어지고 계량화되어 납
작해진 것들이 어찌 물리적 골격과 껍질뿐이겠는가? 살림집이 살림
집인 이유는 몸과 마음을 모두 살리는 집이기 때문이다. 밤가시초
가의 봉당과 눕혀진 문 그리고 불편한 아궁이는 살리는 집, 살림집
을 생각하게 한다. 소설가 박태순은 다음과 같이 '사라져 가는 초가
에 띄우는 송사'를 남겼다.

(초가는) 자연의 생산성과 인간의 생활력, 그 축제적 만남이다. 농촌 자연부락에서 우리가 보는 것은 자연이 아니라 자연의 인간화이며 인간의 자연화이다. 감나무와 똥개와 사람이 부드러운 황색의 대지에 함께하는 초가마당에서 우리는 증오를 느낄 도리가 없는 사랑을 배우며, 갈등이 생겨날 수 없는 평화를 가슴에 안는다. 자연적인 것과 인공적인 것을 극단적으로 대립케 하여 그 자연을 정복한다는 '약탈적 자연관', 지배와 착취, 기계적 인간론, 소유집착적 개인주의 등을 만연케 하여 기계론적, 원자론적 시각에 의한 테크노모픽문화를 가져오게 했다는 근대 약탈적 자연관은 청산도의 초가마을에는 없는 것이다. 자연과 인간의 '서로의 경계 허무는 넘나들기의 삶'은 오늘의 '경제시대'에 이를 유지시킬 수 없는 것을 비판해야 할 일이다. (중략) 우리 선인들은 물질적 빈곤 속에서도 '생활'을 즐겼으나, 오늘의 우리는 '과소비'의 물상화 사회에 놓였으면서도 다만 '생존'에 급급해하는 것은 아닌가.

　　　　　　　　　　『초가草家』 중 「민족생활양식과 '슬픈 근대화'」에서(열화당, 1995)

모질게 남아 있는 살림집의 흔적. 일산 정발산 밤가시초가

·

29

제주 성읍 초가마을. 수평의 평온으로 고요하다. ⓒ최우용

제주초가, 수평, 김영갑
그리고 이어도

'박薄'을 받아들이는 섬

제주는 한반도의 부속 도서 중 가장 큰 섬이다. 그래서 제주도島이기
도 하고 제주도道이기도 하다. 제주도는 큰 섬이기에 '도道'라는, 최
광역 지방자치단체의 독립적 행정구역의 지위를 부여 받았다. 산하
를 맞대고 붙어 있는 다른 뭍의 도들과 달리 제주는 바다 건너에 있
다. 이 바다의 거리만큼 제주는 뭍과 달랐다.

변방 섬의 역사는 지난했다. 탐라가 뭍의 정치적 세력에 복속된
후, 제주는 빨아먹히는 수탈의 대상은 되었으나 베풂을 받는 시혜
의 대상은 되지 못했다. 그래서 제주는 고립된 고난으로 뭍과는 다
른 그들만의 모진 삶의 역사와 문화를 꾸려야 했다.

조선 시대의 제주도는 함경도, 평안도와 함께 조세의 잉류^{仍留} 지역이었다. '잉류'는 세금을 서울로 거둬들이지 않는 것을 말하는데, 거둬들이기 불편하거나 거둬들일 양이 형편없을 때 잉류의 지역이 되는 것이다. 한반도 남과 북의 끝단에 위치한 척박한 2도^道와 1도^島에서 거두어들이는 쌀 등의 현물 세금은 왕도^{王都}인 한양까지 싣고 올 만한 형편이 못 되었다. 북쪽 변방은 소출도 적을 뿐더러, 물길의 조운을 쓸 수 없었기에 내륙의 교통을 이용해야 했다. 그러나 사방에 솟아 있는 산에 막혀 운반하는 데 곱절의 힘이 들었다. 게다가 수시로 중국을 오가는 사신들의 비용이 만만치 않았기에 함경도와 평안도의 조세는 접대비로 현지 전용했다. 하지만 뱃길과 물길을 이용할 수 있었음에도 제주도는 오로지 그 가난한 소출 때문에 잉류의 대상이 되었다.

　　성군 세종은 제주의 궁핍을 받아들였다. 세종과 신료들은 제주 면세의 세 가지 이유를 다음과 같이 말했다. '산고다풍재^{山高多風災}, 곡심다수재^{谷深多水災}, 토박다한재^{土薄多旱災}'. 산이 높아 바람의 피해가 많고, 골이 깊어 물의 피해가 크고, 흙이 얇아 메마름의 피해가 잦다. 제주도의 쉼 없는 바람은 화산회토[*]의 겉흙을 쉼 없이 날려버렸고 표토가 걷힌 자갈투성이의 땅은 물을 품지 못했다. 그런 까닭에 장마가 남긴 큰 빗물은 깊은 골을 흐르며 물의 피해를 키웠다. 제주의 삼재는 서로 얽혀 있는 고난이고, 그래서 '박^薄'이라는 한 글자로 정리된

---

　*　火山灰土, 화산재 따위가 바람에 날려 지표나 수중에 퇴적하여 생긴 토양

통시

눌왓

정지

작은
구들

상방

큰
구들

고팡

안뒤

안거리

헛간

구들

고팡

상방

구들

밖거리

쇠막

우영

우영

정낭

제주 강운봉 가옥 평면도 ©최우용

다. 결핍이라는 뜻이다. 있어야 할 것이 없거나 모자란 것이다. 이것, '박'을 받아들이는 것이 제주의 삶의 방식이었다.

　그래도 사람은 결국 땅을 일구고 작물을 거둬 먹으며 입을 건사해야 살 수 있다. 그래서 제주의 사람들은 밀파密播를 했다. 밀파는 씨를 뿌리고 풀을 덮고 단단히 밟아서 바람에 날려가는 흙을 붙잡아 땅심을 유지해 작물을 키운다. 밀파는 제주의 박한 환경에 적응해 나가는 농경의 방식이었다.

밀파와 닮은 제주의 초가

제주의 초가는 밀파와 같다. 뭍의 초가가 농경의 빈한한 삶을 받아들였듯 제주의 초가 또한 제주의 박한 환경에 적응하는 방식으로 전개되었다.

　논농사의 소출이 거의 없다시피한 제주는 볏짚 대신 중산간에 널려 있는 억새풀로 이엉을 엮어 지붕을 얹는다. 억새풀 이엉은 볏짚보다 내구성과 물 빠짐이 좋아 수명이 길다. 그래서 (억)새로 지붕을 이는 제주의 초가는 샛집으로도 불린다. 주변에서 쉽게 구할 수 있는 나무를 대충 치목治木하여 축부를 만들고 지붕의 틀을 잡는다. 그리고 이엉을 올려 지붕의 전체적인 꼴을 완성하고 나면 이엉이 바람에 날리지 않도록 새끼로 얼개를 쳐서 지붕을 잡아준다. 이것을 '고삿맨다매맨다'라고 하는데, 바람 많은 제주에서는 특히 고삿매기가 중요하다. 새끼를 촘촘한 정방형으로 얽어 지붕의 새를 꽉 틀어 맨다. 그래서 아래에서 초가 지붕을 올려다보면 올이 굵은 그물

을 쳐놓은 듯하다. 또 제주의 바람은 풍차라는 독특한 물리적 장치를 낳았는데, 뭍에서는 찾아볼 수 없는 것이다. 풍차는 상방(뭍 가옥의 대청에 해당) 앞에 설치하여 올리고 내릴 수 있게 해놓은 발과 비슷한 차양막遮陽幕이다. 처마를 헤치고 들어온 사나운 햇볕과 살벌한 바람을 막아주며 일없을 때는 위로 올려 바람과 볕이 들게 한다.

　뭍의 초가나 섬의 초가나 가난한 살림을 꾸리는 공간이기에 규모가 클 리가 없다. 뭍과 섬의 초가 모두 서너 칸을 넘는 경우가 많지 않다. 규모를 키워야 할 때면 채의 칸을 넓히는 것보다 채를 나누는 방식을 택했다. 뭍의 초가가 유교적 생활 방식에 맞추어 안채와 사랑채 등 남녀의 유별한 공간을 구획했다면, 제주의 초가는 부모 세

제주성읍 조일훈 가옥. 초가 정면 풍차의 모습 ©최우용

대와 자녀 세대로 채를 나누었다. 부모 세대가 사는 채를 안거리라 하고 결혼한 자녀 세대가 사는 채를 밖거리라고 하는데, 일정 기간 이 지나면 부모내외가 자녀내외와 안거리, 밖거리를 바꾸어 살기도 했다.

안거리와 밖거리로 채를 나누는 제주 초가는 같은 울타리 안에서 하나의 마당을 마주보며 부모와 자식 세대는 각자의 우영^{텃밭}과 고팡^{창고} 등을 가지고 있었다. 그래서 그들은 함께 살았으나 경제 행위는 서로 독립적으로 수행했다. 대규모 영농이 이루어지면서 연대가 조직화된 뭍과 그렇지 못한 제주는 그 품앗이의 내용과 범위가 달랐다. 뭍의 영농은 대규모 경작을 위해 두레나 향도 등을 통해 노동력을 결집시켰다. 이러한 품앗이를 통해 노동의 집약도를 높이고 서로간의 노동의존성을 심화시켰다. 이에 반해 제주의 땅에는 광작廣作을 펼칠 대규모의 논밭 자체가 없었다. 그들의 영농에 필요한 품앗이는 가족 단위의 노동력 정도면 충분했을 것이다. 그래서 장성한 자녀 세대의 노동력과 노련한 부모 세대의 경험을 수시로 품앗이 하며 궁핍을 덜었을 것이다. 제주의 부모 세대와 자녀 세대는 섬의 결핍을 서로 의지하여 극복하며 동시에 세대 간 독립된 삶을 유지했다.

농본農本의 국가에서 소출이 박한 땅에는 뿌리박힌 권력 또한 많지 않았다. 북방의 춥고 척박한 평안도, 함경도의 권문세가나 사대부의 수는 곡창의 호남과 부유한 영남에 비할 바가 못 되었다. 하물며 바다 건너 제주는 말할 것도 없었다. 조선의 역사에서 제주는 잉류의 지역이었으며 유배의 섬이었다. 제주의 척박한 땅에 뿌리 내리려 할 권력은 없었으며 제주에서는 뭍에서와 같은 대규모 영농은 성립 불가능했다. 뭍의 고도화된 품앗이 구조와 그 구조를 짜고 있는 향약이나 동계洞契·동약洞約 등의 유교적 예속이나 지배 이데올로기 또한 제주에서는 희미했으며, 그것이 뭍과 다른 제주만의 독특한 초가마을을 형성시켰다.

그래서 제주의 초가마을에는 뭍의 유교적 위계와 도교적 풍수가 적용되기 힘들었다. 제주의 마을은 사상적 계통 없이, 각각의 초가가 각개전투 하듯 개척할 수 있는 농지를 악착같이 일궈나가며, 생존의 수평으로 삶의 물리적 테두리를 넓혀갔고 이를 바탕으로 소가족 중심의 개체적 삶을 영위했다. 그래서 그들의 삶은 가난했으나 뭍보다 독립적이고 자족적일 수 있었다. 제주 초가마을은 결핍으로 척박했으나 수평의 평등으로 평온해 보인다.

제주의 외로움과 평화를 담다

사진가 김영갑은 서른이 되기 한 해 전인 1985년 제주에 정착하여 2005년 폐교를 손수 고쳐 만든 두모악 갤러리에서 영면할 때까지 제주를 사진으로 기록했다. 섬의 오지를 찾아다니며 초가집, 돌담, 팽나무, 노인, 아이, 해안 마을, 중산간 마을, 초원, 바다, 오름을 닥치는 대로 사진에 담았다. 제주가 좋았고 사진에 미쳤기 때문이다. 한겨울이면 김치찌개, 비 오는 날이면 얼큰한 해물뚝배기 생각이 간절했지만 생각만 간절했다. 그는 우유 한 잔 마실 여유가 없었으며, 끼니때가 되면 늘 서글펐을 만큼 가난했다. 가난한 섬에서 가난한 사진작가는 20년 동안 제주의 온 곳을 뒤지고 다니며 제주의 '외로움과 평화'를 사진으로 남겼다.

김영갑은 근위축성 측삭경화증을 앓았다. 루게릭병이다. 나는 그 병의 이름은 알고 있으나 그 고통의 질감을 알 수 없고 느낄 수 없다. 그런데 그 병의 증상은 글로나마 읽어서 알고는 있는데, 내가 읽었다고 말할 수 있는 고통이 아님도 알고 있다. 손가락 하나 까딱이는 것이 공포와 같은 통증인 것을 글을 통해 읽었을 뿐이다. 김영갑은 그 병을 앓았다. 루게릭병은 운동 신경원 질환이다. 육체의 고통과 마비는 심해지지만 정신과 의식의 후퇴는 더디 온다. 그러니 몸은 정신의 감옥이다. 인간의 몸은 고통에 반응하는데, 그 고통이 격렬할수록 정신은 혼미昏迷를 거듭한다고 한다. 그것이 죽어가는 자가 죽음의 고통을 견뎌내는 무의식의 마지막 몸부림이라고, 텔레비전에서 어떤 의사가 하는 말을 들었다. 죽음이 임박한 몸을 멀쩡한 정신으로 받아들이는 것은 물리적인 육신의 죽음보다 더 큰 고통일지도 모르겠다. 그런데 김영갑은 시간이 지날수록 오히려 마음의 평온을 얻었다고 말했다. 나는 그의 말을 이해하기 어려웠지만, 평생 '외로움'을 기꺼이 받아들이고 제주의 '평화'를 찾아 헤맸던 그는 그러했을 것이라고 생각했다.

가난한 김영갑은 제주의 가난한 외로움과 평화를 사랑했고, 그 사랑하는 방식은 숭고한 열정이었으며 궁핍함을 가볍게 넘길 수 있는 삶의 긍정이었다. 나는 김영갑의 사진을 보고 그의 글을 읽으며 그를 상상했고 슬퍼했고 또 기뻐했다. 그리고 그의 사진이 담고 있는 제주 수평의 풍경에 평온해질 수 있었다.

그의 사진은 파노라마의 구도에 집착한다. 제주가 일구어내는 수평의 평온 때문일 것이다. 그의 사진은 제주 오름의 굴곡과 중산간의 억새와 파도와 물결과 바람의 수평을 담아냈다. 핫셀블라드의 정사각형 프레임은 그 수평을 받아내기에는 한없이 부족했을 것이며, 원근감을 감추는 틸트나 시프트 렌즈는 필요가 없었을 것이다. 그의 사진에서 수평의 구도를 분할하는 수직은 찾을 수 없다. 수직은 오직 나무나 억새에게 허락될 뿐이나 그것들은 수평의 구도를 가르는 격절의 수직이 아니라 하늘의 수평과 땅의 수평을 연결하는 자연의 매개이며 연장이다. 김영갑은 제주의 수평을 몸으로 더듬어 나아가며 그 평온을 사진으로 기록했다.

김영갑은 이어도를 이야기했다. 제주 사람들의 가슴속에는 이어도가 있(었)다. 제주 사람들에게 이어도는 오늘날 제주 남단 파랑도라고 불리는 물리적 실체가 있는 그 바위섬이 아니다. 가난한 제주 사람들에게 이어도는 꿈이(었)다. 떠나고 싶으나 실체가 없는 전설의 섬 이어도를 그들은 그저 꿈으로 받아들일 뿐이(었)다. 제주 사람들은 그들에게 주어진 고단한 삶에 눌려 주저앉는 대신 이어도라는 꿈을 통해 살아갈 힘을 얻었다. 그리고 그 꿈을 이루기 위해 더욱 충실하게 삶을 일궈나갔다. 이것이 김영갑이 말하는 이어도다. 김영갑은 제주 사람들이 누리는 평화로움의 비밀을 이어도라고 말했다. 그는 이어도의 비밀을 제주의 수평에 제 몸을 갈아내며 알아냈다.

그는 또 말했다. 제주 사람들은 이제 더 이상 이어도를 이야기하지 않는다고. 그가 사랑했던 중산간의 초원은 골프장과 리조트와 펜션으로, 별장으로 변해가고 있다고. 그리고 제주 사람들의 마음속에서 이어도는 지워지고 있다고. 제주다움이 사라질수록, 제주인의 정체성을 잃어갈수록 사람들의 기억에서 이어도의 비밀은 잊힐 것이라고.

가난을 받아들이는 방식은 제각각이다. 안빈낙도를 말할 수도 있

고, 그저 궁상스러운 삶이라고 말할 수도 있다. 중요한 것은 물질과 정신이 접하는 방식일 것이다. 물질과 정신이 어떤 방식으로 만나는가에 따라 궁핍은 안빈낙도일 수도 있으며, 청승맞은 고단한 삶일 수도 있다. 가난이 행복과 평온의 목줄을 죄고 있는 것은 분명해 보이나, 풍요가 행복과 평온을 보장하지 않는다는 것도 우리는 이제 잘 알고 있다. 행복과 평온은 물질이냐 정신이냐의 이치적 사고의 문제가 아닌 삶을 살아가는 방식에 달려 있을 것이다.

제주 초가의 수평과 김영갑 파노라마의 수평 그리고 수평의 평온을 중얼거리는 나는 이어도를 보고 있는 청맹과니일지도 모르겠다.

테쉬폰 주택 전경, 저 푸른 초원 위에 그림같이 자유롭다. ©최우용

멸절한 건축의 화석,
테쉬폰 주택

푸른 눈의 신부 그리고 스러져간 왕조의 황량한 유적

한라산 백록담에서 쏟아져 내린 용암은 천천히 흘러 타원형의 제주도를 만들었다. 제주 인류의 정착은 타원형의 테두리인 해안에서부터 시작되었는데, 중산간을 거치면서부터 그 흔적은 급격히 줄어든다. 제주도 중산간은 말 그대로 산山의 가운데中 사이間이다. 인간에게 제공되는 편의가 박한 만큼 인간의 간섭에서 자유로운 목초는 푸르다. 목초가 푸른 만큼 가축을 풀어 기르는 방목은 유리하다.

1954년, 남아일랜드 출신의 맥그린치 신부는 4·3사건과 한국전쟁으로 폐허가 된 제주도에 발을 디뎠고 궁벽한 섬의 참담한 가난을 목격했다. 반세기 전, 이역만리 섬나라에서 온 푸른 눈의 신부는 가난한 동양의 섬에 복음을 전하기로 마음먹었다. 그리고 제주도 한림읍 중산간 한편에 푸른 목장을 열었다. 목장의 이름은 이시돌Isidore. 성聖 이시돌은 스페인의 농부였다. '기도하고 또 일하라!'를 실천했던 이 근면한 농부는 농민의 주보성인主保聖人이 되었다. 아일랜드에서 온 벽안의 신부는 일로 자립하고 기도로 구원받을 수 있는 믿음의 목장을 꿈꿨다. 그리고 말과 소를 키우며 어려운 이들을 껴안았는데, 이곳 목장 어디쯤에 '테쉬폰Cteshphon'이라고 불리는 주택의 흔적이 남아 있다. 목장 관리인들의 숙소로 사용된 주택이다. 주택 앞에 붙어 있는 테쉬폰이라는 단어는 낯설다. 테쉬폰 주택 앞에 세워진 설명문을 아무리 들여다봐도 주택 이름의 명쾌한 사연을 연상하기가 쉽지 않다. 그래서 이것저것 자료를 뒤적거려 본다.

테쉬폰은 지명이며 도시의 이름이다. 메소포타미아의 옥토를 적시는 티그리스 강 좌안에 붙어 있는 테쉬폰은 파르티아 인들에 의해 건설되었으며 파르티아BC 247~AD 226와 사산조 페르시아BC 226~AD 651의 수도였으나 지금은 퇴락한 유적과 먼지가 전부인 곳이다. 이곳에 사산 왕조의 호스로 1세Khosrau I, 590~628 때 세워진 것으로 추정되는 궁전의 일부가 남아 있는데, 타크-이 키스라Taq-i Kisra라고 불리는 것이 그것이다. 흙벽돌을 쌓아올려 만든 아치 구조물로 현재 남아 있는 구조물의 크기는 높이 30미터, 너비 24미터, 깊이 48미터에 달한다. 그리고 이 우뚝한 구조물 좌우측 동서 방향으로 벽이 접해 있는 형상이다. 그러나 지금은 동벽은 소실되고 서벽만이 부속되어 있는, 스러져간 왕조의 황량한 유적만이 쓸쓸하다. 그러나 그 장대한 규

테쉬폰 유적이 담겨 있는 우표

모가 뿜어내는 영광스러운 왕조의 역사는 선연히 남아 있다.

　벽돌이나 돌을 곡선 모양으로 쌓아올리고 가장 위에 쐐기 모양의 돌을 박아 넣으면 아치^{achi}가 된다. 땅에 붙어 있는 아치의 양끝이 고정되어 있으면 아치 구조물은 큰 힘으로 내려 눌러도 엉버틸 수 있다. 그런데 아치는 2차원의 선적인 형상이다. 이것을 수평으로 쭉 늘이면 면적과 부피를 갖는 3차원의 배럴 볼트$^{barrel\ vault}$가 된다. 배럴 볼트는 수평 하중을 받는 슬라브와 보, 수직 하중을 받는 기둥 따위가 따로 없다. 아치의 형상으로 수평과 수직의 힘을 모두 처리하여 땅으로 흘려보낸다. 그래서 아치와 아치에서 유래한 배럴 볼트는 기둥과 보와 같이 각을 이루며 만나는 결절점과 같은 급격한 힘의 변곡變曲 없는, 그 유연한 형상으로 눈과 비와 바람에 응력하며 자립할 수 있다. 1961년 한국전쟁의 상처가 선연한 한반도 가난한 섬마을에 세워졌던 기이한 주택의 흔적과 거리가 얼마인지 가늠하기 어려운 머나먼 메소포타미아의 처연한 왕조의 유적에서, '테쉬폰'이라

짚단과 천장들의 흔적 ⓒ최우용

는 이름을 제외한 공통된 무엇을 발견하기란 힘들어 보인다. 이 격절의 거리에 놓여 있는 퇴락한 흔적들에서 공통으로 사용된 '테쉬폰'이라는 단어는 유연한 아치의 형상만큼만 관련 있어 보인다.

사람과 빛과 바람이 드나드는 아치

테쉬폰 주택은 목장 벌판 위에 고립되어 있다. 풀을 뜯는 말들이 유유자적할 뿐, 화석이 되어버린 주택 근처에는 인공의 흔적을 찾을 수 없다. 이 풍화된 건축이 세워질 당시에도 목초만이 전부인 곳에 불뚝했을 것이다. 그래서 테쉬폰 주택은 그것이 놓인 장소의 건축적 맥락context의 그물망으로 쥘 수 없다. 그것은 마치 저 푸른 초원 위에 그림 같은 오브제로 자유로워 보인다.

테쉬폰 주택은 길이 방향으로 구불구불 굴곡진 반원통형의 배럴 볼트로, 몸뚱이는 시멘트로 이루어져 있다. 이 구불구불한 굴곡의 단면 형상이 구조물의 구조적 강성을 높여준다. 골격은 철근이나 골재가 섞인 현대적 콘크리트가 아닌 맨 시멘트로만 되어 있다. 규모가 크지 않은 아치 형상이기에 철근과 골재가 부재해도 자립이 가능하다. 질펙한 시멘트 풀을 딱딱하게 굳히기 위해서는 굳을 동안 그것들을 품고 있을 거푸집 또는 주물이 필요하다. 그래서 거푸집이 닿는 시멘트 표면에는 거푸집 질감의 흔적이 남게 된다. 테쉬폰 주택 구조물의 안쪽 벽면에는 짚단의 질감이 남아 있는 가로 줄무늬 흔적이 선명하다. 그리고 굴곡마다의 오목한 중심부에는 세로의 굵은 띠 흔적이 보인다. 이 집의 거푸집은 아마도 볼록한 모양으로 쌓아올린 짚단이었을 것이다. 눕힌 짚단을 위로 가면서 좁혀 안정된 아치형으로 쌓아올리고, 이를 고정하기 위해 일정한 간격으로 세로띠를 보내 땅에 고정시켰을 것이다. 쌓아올린 짚단은 통주물이 되었을 것이고, 사람들은 쌓아올린 짚단 위로 올라가 시멘트 풀을 발라가며 밑으로 내려왔을 것이다. 벽이 마치 페스트리 빵처럼 겹 지워진 것으로 보아 초벌 바르고 재벌, 삼벌 발라가며 골격을 완성했을 것이다.

이 아치형 시멘트 골격에 문과 창 등이 군데군데 뚫려 있고 이곳으로 사람이 드나들고 빛과 바람 등이 드나든다. 나도 이 문구멍을 통해 안으로 들어간다. 평면은 좌우 대칭형으로 하나의 주거 공간이 가운데를 중심으로 거울처럼 반전되어 두 개의 주거 공간을 이루고 있다. 짐작하기로 관리인 두 명이 서로 하나의 단위 주거 공간을 사용하는 숙소였을 것이다. 하나의 단위 평면은, 내·외부를 연결해 주는 문이 나 있는 거실이 반을 차지하고 있고 나머지 반은 두 개의 방으로 나뉘어 있다. 평면의 가운데 안쪽, 즉 두 주거 공간의 안쪽 방이 등을 맞대고 있는 그 경계에는 시멘트 벽돌을 쌓아올려 지붕 위로 관통시킨 굴뚝이 있다. 바닥에는 온수 배관으로 짐작되는 구불거리는 고무관이 보이는데 물을 직접 덥혀 온수 난방을 하고 굴뚝을 지나는 복사열도 버리지 않고 인접한 좌우 두 개의 방을 덥혔을 것이다. 이렇게 본다면 굴뚝에 면한 방 두 개는 잠을 자거나 하는 주된 생활이 이루어지던 방이었을 것이다. 이에 인접한 방은 창밑으로 한 뼘 정도의 턱이 돌출된 선반이 있는데 이것으로 보면 물을 쓰거나 작업을 하는 공간이었을 것이다. 천장에 있는 반자틀의 흔적으로 봐서 천장 마감을 했을 것이나 지금은 천장재가 남아 있지 않다. 이 반자틀을 기점으로 천장 마감 윗부분은 거친 짚단의 모습이 선명하고, 아랫부분은 사람이 몸을 비비고 사는 공간인 만큼 시멘트와 페인트의 흔적으로 반질반질하다. 반원통형으로 빚어진 단순한 공간. 아치의 단면이 선명한 테쉬폰 주택은 지금도 서 있다.

테쉬폰 주택 안에서 바라본 목장 ⓒ최우용

아치는 차곡차곡 쌓아올릴 수 있는 벽돌에서 연유했다. 테쉬폰의
타크-이 키스라 유적도 흙을 굽거나 말려서 만든 벽돌^{어도비adobe}을 쌓
아올려 완성한 구조물이다. 서구 석조 건축의 역사는 (벽)돌을 쌓아
올린 아치의 역사에 다름 아니다. 그러나 제주의 테쉬폰 주택의 아
치는 시멘트를 '굳혀' 만든 것이다.

건축가 루이스 칸Louis I. Kahn, 1901~1974은 건축계의 전설이 된 유대계 미국인이다. 근대에서 현대로 넘어오는 시기에 태어난 그는 근대 건축의 세례를 받았으나 근대 건축의 교조적 일가를 이루지는 않았다. 그는 온전한 그만의 건축 세상을 완성했다. 루이스 칸은 1971년, 미국의 펜실베이니아 대학에서 학생들과 대화했다. 그는 이렇게 말했다.

표현은 욕구야. 뭔가를 만들려면 자연과 상의해야 돼. 그래서 디자인이 필요하지. 벽돌을 예로 생각해봐.

벽돌에게 말해, "넌 뭘 원하니?"
벽돌이 말하지, "난 아치를 원해."
벽돌에게 말해, "아치는 비싸. 콘크리트 인방lintel을 만들어줄게, 어때?"
벽돌이 말하지, "난 아치가 좋아."
우리는 재료를 존중해야만 해. 재료가 넘친다고 아무렇게나 대해선 안 되지. 이렇게도, 저렇게도 할 수 있지만 그건 아냐. 벽돌을 존중해야 해. 벽돌을 찬미해야 돼. 무시하지 말고.

창발적 진화의 산물, 테쉬폰 주택

제주의 테쉬폰 주택에는 아치가 되고 싶은 벽돌의 의지에 앞선 것이 있었다. 그것은 궁핍 또는 결핍이었다. 가난한 제주 중산간에 넘치는 재료는 억새였으며 벽돌은 비싼 재료였다. 벽안의 신부에게는 아치가 되고 싶은 벽돌의 의지보다 제주의 가난한 현실이 당면한

테쉬폰 주택 전경 ⓒ최우용

문제였을 것이다. 이것이 테쉬폰 주택의 아치가 벽돌이 아닌 시멘트로 만들어진 이유일 것이다.

재료를 존중하는 방식은 각각이다. 어떤 것이 어떤 방식보다 낫고 못한 것이 아니다. 다만, 물성을 아는 현명함과 물성을 모르고 또 무시하는 무지가 다를 뿐이다. 아치에 작용하는 수직과 수평의 힘은 아치의 곡선을 따라 유연한 벡터로 변환되어 땅으로 내리꽂히며 지반으로 스며들어 소멸한다. 조적組積의 아치와 시멘트의 아치는 그 꼴 지워진 방식은 다르나 힘의 거동은 동일하다. 루이스 칸은 넘쳐나는 풍요 속에 마구잡이로 쓰이는 재료의 난잡難雜을 증오하면서 벽돌과 아치로 그의 건축적 지향을 정형화했다. 그렇다. 그의 건축은 정형적이다. 그러나 건축적 사유의 질서와 정형으로부터 자유로울 수 있었던 이방의 신부는 제주 중산간의 가난을 받아들였고 시멘트의 가소성을 이해했으며, 아치에 작용하는 힘의 거동을 알고 있었다. 그리고 그 현명함으로 '시멘트 아치'라는 듣도 보도 못한 개체변이의 건축을 남겼다.

기이한 통주물 시멘트 아치의 흔적은 이곳, 제주가 유일한 듯하다. 테쉬폰 주택은 마치 벼락 치듯 태어났다가 아무 유전자를 남기지 않고 멸족한 화석 같아 보였다. 테쉬폰 주택은 그만큼 신비롭고 또 아련했다. 멸절한 공룡의 화석만큼이나 강력하고도 필연적으로 보이는 건축의 화석은 어느 날 갑자기 그 혼자의 자취만을 남긴 채 홀연히 사라졌다.

굳어버린 질서와 정형과는 다른, 또 다른 창발적 진화의 산물인 테쉬폰 주택. 남루한 현실 속에서 태어나 한평생 실용의 담담함으로 서 있었던, 개체변이하고 이제는 멸족한 제주도 '이시돌 양식'의 건축 앞에서 나는 먹먹하다. 이 멸절한 건축의 화석을 보며 굳어버린 질서와 정형으로부터 자유로운 창발적 건축의 모습을 본다.

화암사 극락전 전경 ⓒ최우용

바다를 건너간 건축의 유전자,
화암사 극락전

삶의 고단함을 받아내는 버스터미널

시인 안도현은 "화암사, 내 사랑 찾아가는 길을 굳이 알려주지 않으렵니다"라고 했다. 시인은 이 "잘 늙은 절 한 채"가 혼자만 알고 싶을 만큼 소중했나 보다. 화암사는 전라도 완주군 불명산 깊은 산속에 자리 잡고 있다. 그의 말처럼 화암사 가는 길은 알려주지 않으면 찾기가 쉽지 않다.

몇 시간이나 운전대를 움직이고 액셀과 브레이크를 번갈아 밟는 것은 수고스럽고 귀찮은 일이다. 그리고 자가용 승용차, 이 무거운 쇳덩이에 달랑 내 몸 하나 싣고 움직이기가 염치없는 일처럼 느껴진다. 그래서 나는 기차를 타고 화암사로 향한다.

용산역을 출발한 무궁화호 열차가 세 시간 반 만에 전라북도 전주역에 도착한다. 전주역에서 화암사까지 직행하는 버스는 없다. 완주군 고산면으로 가는 버스로 갈아타야 한다. 40분을 달린 버스가 고산여객버스터미널에 도착한다. 현재 인구 5천 명의 작은 동네 고산의 과거는 화려했다고 한다. 100여 년 전, 면面이 아닌 군郡의 지위로 일대의 행정 중심지 역할을 담당했다. 그래서 아직도 전주 시내와 완주 북부를 이어주는 수많은 버스 노선이 운영되고 있다. 전주의 북동면으로 향하는 대부분의 버스는 이곳을 종점으로 삼고 있으며, 다시 이곳을 기점으로 완주 여러 곳으로 버스 노선이 분기되고 있다. 이 변방의 중심이라고 해야 할지, 중심의 변방이라고 해야 할지 모르는 버스터미널은 허름하고 남루하다.

쿰쿰한 냄새가 나는 버스터미널 대합실로 들어선다. 터미널답게 대합실과 매표실, 그리고 화장실이 가장 중요한 공간이다. 천장에서 불뚝 튀어나온 콘크리트보가 이곳이 별 특이할 것 없는 몰개성의 철근콘크리트 건물임을 말해준다. 대합실에는 서로 종류가 다른 기다란 의자가 적막의 빈 공간을 채우고 있다. 내 어린 시절 할아버지 팔에 매달려 이곳저곳 기웃거렸던 여러 동네의 터미널 대합실들이 이러했다. 몰개성하고 남루하고 쿰쿰했다.

그러나 그런 이유로 이 건물은 미끈한 인위의 가식과 허세가 달라붙을 여지가 없어 보인다. 대합실과 매표실과 화장실의 최소한의 조합으로 되어 있다. 세월에 스러져 남루하나 버릴 것은 없다. 시멘트의 갈라짐이나 제각각 다르게 생긴 의자는 바래져가는 시간을 시

불령산 깊은 곳에 화암사는 있다. ©최우용

각적으로 증명하고 있다. 나는 이 바래짐을 낭만을 좇는 시선으로 볼 생각은 별로 없다. 정작 터미널의 공간을 감당하는 것은 바람처럼 스쳐가는 여행객인 내가 아닌, 이 터미널을 삶의 공간으로 삼고 있는 고산 사람들의 몫이기 때문이다. 다만 언제 어느 때, 개발이라는 이름으로 이 삶의 흔적들이 전복되듯 뒤집히고 부수어지지 않기를 바랄 뿐이다. 남아 있는 흔적은 남루하나, 현실에서 살려진 공간은 삶의 고단함을 받아내는 적응과 순응의 인이 박혀 있는 시간의 층위를 갖고 있기 때문이다. 이 층위를 인정할 때 한순간에 때려 부수고 새로 짓는 허무한 폭력은 없을 것이며 천천히 덧대고 고쳐 짓는 조심스럽고 신중한 작업이 가능할 것이다.

잘 늙은 절 한 채

고산에서 출발한 300번 버스는 고삼, 화삼, 경천, 용복을 거쳐 화암사에 도착한다. 버스의 종착지의 이름은 '화암사'지만, 여기가 끝이 아니다. 화암사를 찾아가는 길은 다시 시작된다. 오래오래 걸어가는 길이 이어지기 때문이다. 불명산 깊은 산속 화암사는 이 인내를 요구하는 길을 거쳐야 하기 때문에 외지인들의 공격적인 관광을 허용하지 않는다. 이 적요한 사찰을 찾아가는 길을 시인 안도현이 굳이 알려주지 않는 까닭도 이런 이유일 것이다.

화암사의 정확한 창건 시기는 알 수 없다. 화암사 입구의 중창비에는 원효와 의상 두 고승이 화암사 절터 인근에 암자를 짓고 수행했다는 글귀가 남아 있다. 화암사의 동쪽에는 원효가 도를 닦은 원암대가, 남쪽에는 의상이 수행했던 의상암이 있었다고 한다. 화암사가 창건된 시기는 두 스님이 불법을 닦던 통일신라시대인 7세기일 것이며, 당시에는 화암사를 이루고 있는 단출한 몇 채의 건축물이 들어섰을 것이다.

660년 백제가 사라지고 여덟 해가 지난 668년에 고구려마저 신라와 당의 연합군에 의해 소멸된다. 한반도 태곳적부터 갈려 있던 여러 정치적 무리들이 이합집산을 끝내고 드디어 하나의 정치권력으로 갈무리되어 수렴되던 시기였다. 김부식의 기록에 따르면 이때는 피로 피를 씻었고, 그 피가 내를 이루어 흘렀을 만큼 참담한 유혈의 시대였다. 한반도의 불교가 화려한 꽃을 피운 것은 바로 이때였다. 서로를 살육하며 서로의 존재에 의문을 보내던 당시에 불법의 가르침이 찬란했던 것은 필연일지 모른다. 원효와 의상은 피가 내를 이루어 흐르던 인간 세상에 부처의 가르침으로 도탄에 빠진 민중을 어루만지려 했고 그 흔적을 국토 전역에 뿌렸다. 이때 원효는 법성종을, 의상은 화엄종을 열어 중생의 길을 밝히려 했다. 화암사는 이 전설적 두 고승을 공통분모로 하는 물리적 실체이다.

이 두 고승으로부터 발원한 화암사의 이후 연혁은 고려시대로 넘어간다. 문인 백문철白文節, ?~1282이 화암사를 들른 후 지었다는 시가 『신동국여지승람』에 전해지는데, 이로 보아 고려 말까지 이 작은 사찰은 건재했던 듯하다. 그러나 이후 조선 초 성달생成達生, 1376~1444이 절터만 남은 곳에 화암사를 중창했다는 기록이 있는 것을 보면 아마 여말선초의 혼란 속에서 전화를 입고 소멸되었던 게 아닌가 싶

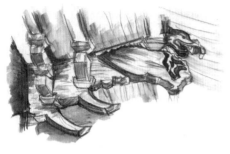

극락전 전면의 용머리 문양 앙두 ©최우용   극락전 후면의 비죽앙 양식의 앙두 ©최우용

다. 화암사는 이때 완전히 새롭게 세워졌을 것이다. 그 뒤 화암사는
또 한 번의 전화를 입는데, 정유재란[1597년] 때의 일이다. 발붙일 수 있
는 모든 땅이 유린되었던 만큼 불명산의 깊은 산속도 예외는 아니
었을 것이다. 수도 한양을 떠나 몽양의 수치를 견딘 선조는 다시 한
양으로 돌아왔다. 그 후 일곱 해가 지난 1605년 화암사 극락전은 최
종적으로 지금의 모습으로 중창되었다. 약 400년의 시간을 담고 있
는 건축물이다.

궁벽한 산중 사찰에 사람들이 오르는 이유

화암사는 중정을 중심으로 전후좌우에 건축물이 배치되어 있다. 전
과 후는 우화루와 극락전이며 좌와 우는 적묵당과 불명당이다. 이
중 아미타불을 주불로 모시고 있는 극락전은 사찰의 가장 중요한
위계를 차지한다. 화암사 극락전은 얼마 전 보물에서 국보로 승격,
지정 고시되었다. 그 이유는 아마 화암사 극락전에 쓰인 '하앙[下昻]'이

란 건축 부재 때문일 것이다. 우리나라에 남아 있는 하앙의 유구遺構는 오직 이곳 화암사 극락전의 그것이 유일하다. 이 찾기 힘든 궁벽한 산중의 사찰에 끝내 사람들이 오르는 이유 중 하나는 이 하앙이란 부재를 직접 보고 싶기 때문일 것이다.

하앙의 일본식 표현은 '오다루키尾垂木'이고 중국에서는 '앙昂' 또는 '하앙下昂'으로 표기한다. 이 부재는 처마를 길게 내밀 수 있게 해주는 역할을 한다. 구조의 원리는 지렛대의 원리와 같다. 기둥 위에 사선의 부재를 결구하여 (기둥을 중심으로) 외단은 처마를 받치게 하고 내단은 지붕 구조 속에서 내리눌러 지렛대를 형성한다. 외단은 캔틸레버*가 되는데, 그 튀어나와 있는 길이만큼 지붕의 처마를 길게 내밀 수 있게 되는 것이다. 그리고 이 하앙 부재 위에 수평 부재인 도리를 결구하여 그 위에 서까래를, 또 그 위에 부연을 얹어 지붕을 완성한다. 하앙의 길이만큼 처마의 깊이는 깊어진다. 이후 하앙은 공포의 구조가 발전함에 따라 공포가 하앙의 역할을 대신하거나 의장적 요소로 사용되다가 차츰 소멸하게 되었다. 일본 최고最古의 목조 건축인 호류지法隆寺의 하앙은 장식이 달라붙기 이전 초기 하앙의 모습을, 화암사의 하앙은 장식적인 후기 하앙의 모습을 보여준다. 화암사 극락전은 전면正面에 사용된 하앙의 앙두昂頭, 하앙 머리 부위와 후면背面에 사용된 그것의 형태가 다르다. 전면의 앙두에는 용머리 문양

---

* cantilever, 외팔보 또는 내민보(한쪽 끝은 고정되고 다른 끝은 받쳐지지 않은 상태로 있는 보

화암사 전면 하앙 ©최우용

을 조각했고, 후면의 앙두는 상부를 사선으로 잘라서 쐐기 모양을
만들었다. 이 쐐기 모양의 앙두는 비죽잉批竹昂 양식으로 불리며 중국
고건축의 초기 하앙에서 발견된다. 용머리 문양을 한 전면의 하앙
이 쐐기 모양을 한 후면 하앙보다 더 화려한데, 이는 전면의 시각적
노출 빈도가 월등히 높았기 때문일 것이다.

구조적으로 극락전의 하앙에는 세 가지의 결구 방식이 사용되었
다. 양 측면 기둥에 결구된 하앙의 방식과 어칸양 측면의 중간 기둥의 주
심포와 결구된 하앙의 방식이 다르며, 기둥과 기둥 사이에 올린 주
간포와 결구된 하앙의 방식이 각각 다르다. 축부를 이루는 각 부위

화암사 후면 하앙 ©최우용

가 구조적으로 다르기 때문에 각 부분에 합리적인 방식을 적용한 결과다.

또 하나의 특이한 점은 전면의 하앙 위에는 서까래와 부연을 모두 올렸지만 후면의 하앙에는 서까래만을 올렸다는 점이다. 하앙과 서까래 그리고 부연은 모두 벽면에서(부터) 처마를 내밀기 위해 쓰인 부재다. 이런 점을 감안했을 때, 후면에 부연이 설치되지 않은 정황으로 봐서는 화암사 극락전의 하앙이 처마를 깊게 내밀게 하려는 의도만으로 쓰인 것 같지는 않다.

하앙은 구조의 원리는 단순하나 시공은 매우 정밀해야 한다. 화암사 극락전에 두 가지 형태의 앙두와 다양한 형태의 결구 방식이 적용된 것으로 짐작컨대, 당시만 하더라도 하앙은 어렵지 않게 전반적으로 (널리) 쓰였을 가능성이 있어 보인다. 다만 어느 시기부터 사용이 급격히 줄고 결국 격절의 운명을 맞이한 것이 의문에 싸여 있다.

겨우겨우 남겨진 하앙에 부치는 향수

한반도 남쪽에 남아 있는 하앙의 유구는 화암사가 유일하다. 그래서 화암사 극락전의 하앙은 낯선 만큼 애틋하다. 한반도에 남겨진 유일한 하앙이기에 서럽게 애틋하다. 어쩌면 북녘의 땅에도 남아 있을지 모른다. 하지만 우리가 자유롭게 당장 볼 수 있는 것으로 유일하다.

1971년 화암사 극락전의 하앙이 발견되기 이전에 동아시아 건축사의 흐름에는 약간의 멸실환滅失環이 있었다. 대륙중국에서 발원한 목조 가구식 구조의 건축이 반도한국를 거쳐 섬일본으로 전해진 것은 분명한 사실로 받아들여졌다. 그러나 유독 이 하앙이라는 부재의 유구가 한국에만 남아 있지 않은 것이 동아시아 건축사의 잃어버린 고리였다. 일본의 건축학계는 이를 근거로 일본 고건축의 대륙 직수입을 예상했다. 그저 억지 같지는 않다. 한반도 삼국시대 이후 일본은 중국과 직접 교류를 통해 문물을 받아들였기 때문이다. 그러나 백제계 장인들에 의해 세워진 일본 호류지에 남아 있는 하앙을 보면 고대 백제인들이 이 구법을 일본에 이식한 것도 분명해 보인다. 그래서 이 한반도에서 발견되지 않았던 하앙은 잃어버린 고리처럼 연결하기 어려운 무엇으로 여겨진 것이기도 하다.

진화론을 연구하는 이들은 진화의 계통에서 발생되는 멸실환, 즉 잃어버린 고리에 당혹해하고 그 멸실환의 발견에 목말라한다. 진화론의 당위성은 그 진화의 끊김 없는 흐름에 있기 때문이다. 화암사 극락전의 하앙은 건축 유전자의 잃어버린 고리의 현현^{顯現}이다. 이 생각은 하앙이라는 부재를 통해 한반도 건축의 일본 도래의 당위를 이야기하려는 것은 아니다. 자연스러운 건축 유전자의 흐름을 화암사 극락전이 남겨져 겨우겨우 말해주고 있음이 눈물겹기 때문이며 난 겨우 그만큼만 이야기하는 것으로 충분하다. 화암사 극락전의 하앙은 몇 조각의 나무 쪼가리가 아니다. 대륙에서 섬으로 이어지는 건축의 유전자로 동아시아 건축의 자연스러운 흐름을 증명하고 우리 전통 건축의 층위를 두텁게 해주는 것이다.

중국 대륙은 광활하고 드넓다. 그만큼 수많은 외침과 내침 속에서도 많은 건축의 유구를 남길 수 있었다. 섬이라는 고립된 특수성을 갖고 있는 일본은 외침을 경험한 바 없다. 내침만 감당하면 되었고, 그래서 찬연히 빛나는 최고^{最古}의 목조 건축을 보존할 수 있었다. 그러나 나는 대륙의 끝자락, 힘없는 작은 반도 조선이 겪은 무수히 많은 부침의 역사를 배워 알고 있다. 이 과정에서 국토는 쓱싹쓱싹 톱질하듯 여러'번 초토화되었다. 이 과정에서 우리 건축의 오래된 유구는 중국과 일본의 그것에 비하면 한 줌의 양도 채 남지 않았다. 이 슬픈 부서짐의 역사로 인해 후대를 살아가는 우리가 선대의 삶의 자국과 흔적들을 알 수 없는 것은 서글픈 일이다.

슬픔만큼 찬연한 화암사 극락전의 하앙은 그래서 더욱 애틋하다. 우리에게도 무엇이 있었다는 흔적의 증명이라서가 아니라, 그럼에도 불구하고 살아남았다는 것 자체로 애틋하다. 화암사 내려오는 길, 불명산의 짙은 신록이 만들어낸 초록은 어둠에 가까웠으나 두터운 잎사귀 사이를 뚫고 내려오는 빗줄기는 청량했다.

화암사, 내 사랑
안도현

人間世(인간세) 바깥에 있는 줄 알았습니다.
처음에는 나를 미워하는지 턱 돌아앉아
곁눈질 한번 보내오지 않았습니다.

나는 그 화암사를 찾아가기로 하였습니다.
세상한테 쫓기어 산속으로 도망가는 게 아니라
마음이 이끄는 길로 가고 싶었습니다.
계곡이 나오면 외나무다리가 되고
벼랑이 막아서면 허리를 낮추었습니다.

마을의 흙먼지를 잊어먹을 때까지 걸으니까
산은 슬쩍, 풍경의 한 귀퉁이를 보여주었습니다.

구름한테 들키지 않으려고 아예 구름 속에 주춧돌을 놓은
잘 늙은 절 한 채

그 절집 안으로 발을 들여 놓는 순간
그 절집 형체도 이름도 없어지고,
구름의 어깨를 치고 가는 불명산 능선 한 자락 같은 참회가
가슴을 때리는 것이었습니다.
인간의 마을에서 온 햇볕이
화암사 안마당에 먼저 와 있었기 때문입니다.
나는, 세상의 뒤를 그저 쫓아다니기만 하였습니다.

화암사, 내 사랑
찾아가는 길을 굳이 알려주지는 않으렵니다.

봉황꼭두, 이승과 저승의 안내자. 상엿집의 상량문이 보인다. ⓒ최우용

죽음과 삶의 사잇집,
경산 상엿집

상례, 삶과 죽음을 연결하는 치열한 격식

나에게 '죽음'이라는 단어는 어렵고 또 어렵다. 서른셋의 나이에 죽음은 갈피를 잡을 수 없는 아득한 두려움이다. 가끔씩 죽음을 생각할 때면 순식간에 머릿속은 하얘지고 무서움에 몸은 떨린다. 내가 없어진다는 것, 이런 생각을 하는 나의 존재가 없어지고 그 무서움과 공포조차 느낄 수 있는 내가 없어진다는 사실에 생각의 끝을 찾을 수가 없다. 내가 나인 것이 낯설게 느껴질 때, 나는 죽음에 대한 생각에서 도망친다.

나는 매일 자리에 누워 계시는 할아버지의 머릿속으로 여행을 가보고 싶다는 생각을 가끔 한다. 그러면 그곳이 이 세상과 가까운 곳인지 아니면 저 세상에 좀 더 가까운 곳인지를 알 수 있을지도 모르겠다. 어쩌면 이 세상과 저 세상은 매우 가까운 곳, 하나의 길이 끝나는 곳에 바로 또 다른 길이, 연결된 흔적 없이 붙어 있는 것은 아닐까 싶기도 하다. 그렇다면 아마 내 할아버지는 매일 그 근처를 서성이고 계실지 모를 일이다. 그럴 때마다 나는 가슴을 조이는 미지근한 통증을 느낀다. 그리고 죽음의 생각에서 연유한 통증은 내 삶의 주변에 걸쳐진 여러 자국들을 들여다보게 한다. 죽음에 대한 생각이 삶에 대한 생각으로 전환된다.

조선은 고려 왕조를 결단 내고 세워졌다. 훈구는 신생한 정권의 핵심 정치 세력으로 부상한다. 그래서 훈구는 세력화한다. 그런 훈구를 견제하려 했던 중종은 조광조를 등용한다. 서른을 갓 넘긴 조광조는 사림의 상징이며 모든 것이었다. 새파란 조광조는 훈구를 향해 달려들었다. 다음은 노회한 훈구가 조광조와 사림을 상대할 차례였다. 그래서 사화士禍는 조선조 정치 투쟁의 한복판을 피로 물들였다. 사화는 조광조와 사림의 뿌리를 뽑아내었고 이후 사림은 전국 각 도의 향촌으로 내려가 조용히 엎드려 때를 기다리기 시작한다.

이때부터 조선 땅 깊은 곳곳은 유교의 예학禮學으로 물든다. 사림은 인간을 예와 더불어 살아가야 할 존재로 파악했다. 유교에서 보는 인간은 부정모혈父精母血, 아비의 정기와 어미의 피를 받아 태어난 후 예를 통해 살아가며 예를 통해 돌아가는 존재다. 관혼상제의 가례는 인간의 삶을 관통하는 가장 중요한 격식이었으며 인간이 인간 다울 수 있도록 해주는 일이었다.

유교는 죽음 이후의 세상을 이야기하지 않았다. 유교는 다만 삶과 삶 이후의 세계를 연결하는 마지막 예를 치열한 격식으로 받아들였을 뿐이다. 그래서 향촌의 사회는 위로부터 아래에 이르기까지 상례를 가장 중요시했다. 상례는 죽음을 이어서 제례로 받아들이는 연결의 과정이었기 때문이다. 육신은 없어지나 혼은 이어진다. 유교는 그 혼을 이야기하지는 않지만 그 혼을 통해 내가 나온 근본을 밝힐 수 있기에 그 혼을 붙들고 또 받드는 것이 중요했다. 제례는 그 근본에게 보내는 경의이며 상례는 근본을 세우는 또 다른 시작이었다. 그래서 상례는 관혼상제 중 가장 중요했다.

조선의 상례는 사회 전반에 깊숙이 뿌리내려 기층 문화를 형성했다. 비단 잘사는 이들뿐 아니라 가난한 상민들도 마지막 가는 길은 복되어야 한다고 생각했다. 그래서 상여는 꽃가마다. 지지리 못살던 민초들도 시집장가 갈 때는 못 타봤던 꽃가마를 마지막 가는 길^{죽음}에는 타보게 된다. 죽음은 서러운 일이지만 그 가는 길만큼은 즐거워야 했다. 그래서 상여는 꽃가마다. 꽃가마 가는 길은 천천히 그리고 길게 이어진다. 그래서 그 길에는 망자가 살아생전 함께 추억을 나누었던 많은 이들이 함께한다. 육신의 죽음은 한 개인의 단순한 삶의 단절로 끝나는 것이 아니라 상례를 통하여 공동체 모두의 참여로 축제화한다. 죽음이 삶을 껴안는다.

예서禮書에서는 유교식 상례 절차를 초종初終 · 습襲 · 소렴小殮 · 대렴

돌아보는 삶과 정신은 상엿집을 만들었고, 상엿집은 죽음과 삶을 잇대어 삶을 돌아보게 했다. ©최우용

大殮 · 성복成服 · 조상弔喪 · 문상 · 聞喪 치장治葬 · 천구遷柩 · 발인發靷 · 급
묘及墓 · 반곡反哭 · 우제虞祭 · 졸곡卒哭 부제祔祭 · 소상小祥 · 대상大祥 · 담
제禫祭 · 길제吉祭 등 19단계로 설명하고 있다. 그러나 오늘날에는 (염)
습, 문상, 발인, (삼)우제 등으로 대폭 간소화되어 치러지고 있다.

　꽃가마는 천구 절차에서 준비된다. 천구는 발인 하루 전, 고인을
옮기겠음을 알리고 사당으로 모셔 조상들에게 하직인사를 시키는
것을 말하는데, 영구를 상여에 싣고 견전遣奠을 올리는 것까지의 예
를 말한다. 천구가 끝나면 상여는 장지로 출발하고 도중에 친지나
친구의 집을 지날 때 노제를 지내는데, 이 모든 절차가 발인이다.

상여는 천구와 발인의 절차에서 동원된다. 상여는 고인이 살았던 삶의 장소와 사후 영면의 장소를 이어주는 물리적 실체다. 그래서 상여가 가는 길은 엄숙하나 슬프고 한스럽지만은 않으며, 상여를 메고 들며 올라타는 과정에서 죽음에 이르는 길이 나타나면, 이 길에서 망자와 산 자는 재회하고 또 어울린다. 상여는 상례에서 가장 동적인 역할을 하며 망자에 대한 산자의 기억을 적극적으로 보여주고, 생각하게 하며, 함께 나눌 수 있는 구심체가 되어준다.

상엿집, 죽음과 삶 사이를 준비하고 보관하는 곳

상여를 보관하는 곳은 상엿집 혹은 곳집이라고 한다. 상엿집은 상여뿐 아니라 상례와 관련된 여러 도구와 문서들도 보관한다. 급속한 생활 방식의 변화로 죽음과 관련되어 있는 상엿집은 터부와 금기의 공간으로 변해갔고, 상례의 절차는 다른 가례보다도 급속히 간소화되었다. 이런 이유로 죽음과 삶 사이를 준비하고 보관하는 상엿집은 그 흔적을 찾기가 쉽지 않아졌다.

경산시 무학산 깊은 곳에 상엿집이 있다. 영천 지천리에 방치된 상엿집을 상례 문화 전승을 목적으로 한 개인이 구입하여 지금의 자리로 이전하였는데, 상엿집 일부를 해체하는 과정에서 상여계 운영에 관한 문서 등이 함께 발견되었다. 문화재청은 '경산의 상엿집과 관련문서'를 국가지정문화재^{중요민속자료 제266호}로 선정했다. 지정된 문화재는 상엿집 1동을 포함하여 관련문서 11건^{19점}이다.

경산 상엿집의 상량문에는 '上之 二十八年 辛卯 二月 十九日 巳

봉황꼭두 ⓒ최우용

時 立柱 二十五日 伍時 上梁'이라고 적혀 있다. 상지^{上之}는 현재의 임금이 즉위한 시간을 의미하므로, 미뤄 짐작하면 상엿집은 고종 28년¹⁸⁹¹ 2월 19일에 기둥을 세우고 2월 25일에 상량^{종도리}을 올려 완성한 것으로 추정된다.

경산 상엿집의 형태는 정면 3칸, 측면 1칸의 홑처마로 이루어진 맞배지붕의 모습을 하고 있다. 상엿집 내부는 상여를 보관하는 공간과 영여와 부속품 등을 보관하는 공간으로 구분되는데, 좌협 칸과 중앙 칸 2칸을 한 공간으로 만들어 상여를 보관하며 바닥에는 우물마루를 깔았고 벽체는 판벽과 판문을 달았다. 그리고 우협 칸 1

칸은 영여와 부속품 등을 보관하는 곳으로 우측과 다르게 흔치 않은 장마루가 깔려 있으며 벽은 판벽으로 되어 있다. 지붕의 물매가 급하지 않고 측칸이 넓지 않기 때문에 눈높이에서 바라보는 지붕의 높이가 높지 않아 무거운 인상은 주지 않는다. 외벽을 이루는 판재에는 자귀로 치목한 흔적이 선명한데 지나간 시간을 보여주듯 세월의 때가 묻어 있다. 그러나 상엿집을 옮길 당시 전문가의 부재가 아쉽다. 이전한 현재 위치의 부동침하로 상엿집 전체가 후면으로 기울어지고 있는 상황이고 목부재의 부식이나 기와 맞춤을 보면 엉성한 부분도 있다. 기둥도 그랭이질*이 안 된 상태에서 초석 위에 그대로 올려놓아서 축부의 고정이 불안한 상태다. 그래도 경산 상엿집은 스러질 위기에서 살아남았다. 그렇다. 살아서 남겨졌다.

돌아보는 삶과 정신이 상엿집을 만들다

사라져가는 것들을 돌아보는 것은 힘겹다. 사라진다는 것은 다만 그 물리적 껍데기가 무無로 흩어지는 것이 아니라 껍데기를 만들어내고 또 거기에 붙어 있는 정신적인 것들의 소멸을 의미한다. 현상적 존재와 본질적 존재가 서로 따로 존재하는지, 아니면 함께 존재하는지, 그것도 아니면 어느 것 위에 또 하나가 올라타는 것인지를 나는 모르지만, 이것이 없는 저것을 생각하기 힘들다. 그래서 건축은 구체적 물성을 갖고 있는 물질로 존재하나 그것은 결국 삶이며

---

* 기둥 밑면을 울퉁불퉁한 초석면에 맞춰 가공하여 기둥과 초석의 밀착도를 높이는 작업

정신과 함께한다. 삶과 정신이 천박하면 건축은 천박해지고, 건축이 천박해질 때 삶과 정신은 병든다. 삶과 정신이 건강하면 건강한 건축이 만들어지고, 건축이 건강할 때 삶과 정신은 치유된다.

돌아보는 삶과 정신은 상엿집을 만들었고, 상엿집은 죽음과 삶을 잇대어 삶을 돌아보게 했다. 상엿집이 없어지는 오늘에는 죽음을 통해 삶을 돌아보는 과정은 힘겨운 일로 바뀌고 있다. 퇴근 후, 우리는 장례식장에 찾아가 조의금 몇 만원에 소주 몇 잔, 수육 몇 점 우겨 넣기도 피곤하고 바쁘다. 부박한 속도전의 사회에서 우리는 앞만 보고 뛰어가야 하는가? 숨이 턱밑까지 차오도록 헐떡거릴 뿐이다. 경산 상엿집에서 잠시 숨을 고른다.

2

관찰자의 눈으로

: 건축을 이루는 몇 가지 것들의 이야기

체르토사 수도원 ⓒ최우용

두터운 돌벽의 시대,
이탈리아 북부의 외딴 수도원

인류의 역사가 낡은 관념과 새로운 관념의 투쟁의 역사라는 것은 이론으로서는 상식이 되어 있다. 중세유럽을 지배한 종교와 인간의 이성과의 피비린내 나는 투쟁의 긴 암흑의 역사를 새삼스럽게 상기할 필요도 없다.

보수적 본능은 그 사회나 제도의 개혁이 사회의 기초를 위태롭게 한다는 보수적 교리를 낳게 했다. 이와 같은 보수적 사고는 미신으로 더욱 강화된다. 습관이나 사고방식의 전체를 대표하는 어떤 이념이 종교 신앙과 결부되고 그것이 신의 보호와 축복 하에 있다는 생각이 지배하는 곳에서는 그런 사고나 사회질서에 대한 비판은 독신瀆神을 뜻하게 되어, 그것은 신에 대한 무엄한 도전이라는 낙인이 찍힌다. 갈릴레이, 브루노 등 인간 이성을 대표하는 얼마나 많은 고귀한 사람들이 권위를 치켜 올리는

'미신'의 제단에 피를 바쳐야 했던가.

『전환시대의 논리』 중 「조건반사의 토끼」, 리영희

기나긴 어두운 시간의 안쪽

지금으로부터 1천 년 전 앞뒤의 몇 백 년 동안을 유럽의 역사는 중세^{中世}로 분류한다. 중세를 암흑시대라고 하는데, 그 이유는 무엇인가? 매일 어김없이 떠오르는 태양이 있건만 어두운 시간이라고 말하는 그 기나긴 시간의 안쪽을 들여다본다.

옴베르트 에코의 소설 『장미의 이름』은 1327년 11월 이탈리아 북부의 어느 수도원에서 벌어지는 일련의 살인 사건을 다루고 있다. 같은 소설을 원작으로 프랑스의 영화감독 장 자크 아노는 동명의 영화를 만들었는데 중년의 숀 코네리가 주인공인 윌리엄 수도사로, 미소년의 모습이 선명한 크리스찬 슬레이터가 서술자인 아드소로 분했다. 소설은 지극히 현학적이라, 편하게 보기에는 영화가 더 나을 듯하다. 아무튼 소설과 영화 모두 중세의 사회 모습을 선명하게 보여준다. 특히 몇몇 장면은 중세의 종교와 사회가 어떠했는지를 구체적으로 묘사하고 있다.

장면 1 :: 수도원 높은 성벽, 컴컴한 구멍에서 채소 더미가 굴러 떨어진다. 먹을거리가 보이자 몰골이 초라한 민초들이 채소 더미와 함께 나뒹군다. 수도사 윌리엄 왈, "가난한 이들에게 저렇게 베푸는군." 구휼의 방식이 수치스럽다. 이 수치는 살기 위해 몸을 뒹구는 이들의 것이 아닌 삶의 처절함을 우습게 보는 수도원의 수치다.

장면 2 ∷ 수도원 입구에서 몰골이 초라한 민초들이 거위, 달걀, 감자, 푸성귀 등을 들고 줄을 서 있다. 수도원 입구에 버티던 자는 괜한 트집을 잡으며 이들에게 거만을 떤다. '십일조'라는 종교의 이름으로 행해지는 약탈 아닌 약탈은 지옥의 공포를 감당해야 하는 이들의 수치가 아니다. 공포를 관행적 세금으로 악용하는 수도원의 수치다.

장면 3 ∷ 주인공이자 서술자인 아드소는 수도원 창고에서 몰골이 초라한 한 여성과 육체관계를 맺게 된다. 이 여인은 수도원의 살림을 맡고 있는 다른 수도사가 먹을거리를 대가로 꼬여낸 것이다. 젊고 순진한 수도사 아드소는 불같은 번민에 휩싸인다. 여자와 몸을 섞은 수도사의 죄의식 이상으로 초라한 몰골의 가냘픈 여염집 소녀가 놓여 있는 비참한 삶의 현실이 마음 아프기 때문이다. 이 성적 수치는 먹을거리에 몸을 파는 소녀의 수치가 아닌 소 염통 따위로 소녀의 성적 존엄을 매수하고 유린하는 수도원의 수치다.

장면 4 ∷ 살인 사건을 해결하기 위해 저명한 종교재판관 베르나르도 귀라는 인물이 등장한다. 지고의 종교적 권위를 부여 받은 그는 마녀사냥을 주도한다. 소 뒷걸음치듯 의심에 찬 장면을 포착한 베르나르도 귀는 초라한 몰골의 소녀와 두 수도사의 생사여탈을 주

무른다. 그에게는 합리적 사고나 판단보다는 나른하게 습관화된 권
위적 사고가 중요한 기준이다. 그의 입에서 말이 뱉어지는 순간, 그
말은 종교적 권위가 되며 이 권위는 신성한 것이 된다. 아무도 다른
생각을 말하지 못한다(심지어 이성과 합리의 상징인 윌리엄 수도사마
저!). 그 순간 독신이 되기 때문이다. 이성이 함몰된 중세의 종교는
눈이 멀어 있다.

장면 5 :: 수도원의 한 공간에서 베네딕트회 수도단과 프란체스
코회 수도단이 격렬한 논쟁을 벌인다. 화려한 예복의 베네딕트회
수도사들은 기독교가 축적한 토지와 재산의 소유권을 옹호한다. 거
적 같은 수도복을 걸치고 있는 프란체스코회 수도사들은 그 소유를

포기할 것을 주장한다. 이 소유 논쟁은 당시 기독교의 종교적 목표
가 현세적 권력과 물질에 얼마나 충혈되어 있었는지를 보여준다.

장면6 :: 소설의 가장 중심적 장면. 살인의 배경이자 핵심적 공
간은 수도원의 심장인 장서관이다. 이 장서관에는 한 권의 금서禁書
가 숨겨져 있다. 이 금서는 오늘날 전해지지 않는 아리스토텔레스
의 『시학』 중 제2부 '희극론'이다. (에코가 소설 속에서 재구성한) 희
극론에서 '아리스토텔레스는 기지와 말장난도 진실을 드러내는 수
단이며, 웃음도 진리 전파의 수단이 될 수 있다고 가르친다.' 그래서
'웃음은 권위를 비판하고 경건함을 조롱하며 절대성을 파괴'하는데

'이를 아는 호르헤는 고대 철학자의 이 위험한 사상을 영원히 묻어 두고자 했다.'*

그래서 금서인『희극론』을 몰래 읽던 젊은 수도사들은 중세의 권위적 질서의 상징인 늙은 맹인 수도사 호르헤에 의해 처참한 죽음을 맞이한다. 호르헤가 생각하는 웃음의 논리는 권위와 경건함에 대한 중대한 위협이며 심각한 도전이었기 때문이다. 그러기에 수저를 들 기력조차 없어 보이는 수도사는 '희극론'에 탐닉하는 젊은 수도사들의 살인에 거침이 없었다.

마지막 장면에서 윌리엄 수도사는 호르헤와 웃음에 관한 신학 논쟁을 벌인다. 그러나 이는 신학 논쟁의 범위를 넘어서는 것이다. 그 범위란 통제와 검열을 통해 중세라는 봉건적 질서를 지탱하는 체제 유지의 문제였던 것이다. 웃음은 민초들 또는 (봉건적 질서에 편입되어 있는) 농노들에게 약동하는 삶의 즐거움을 통해 악마에 대한 공포를 극복하게 해준다. 공포의 기반이 무너지는 순간 폭압적 종교의 권위도 함께 무너지게 되는 것이 당시 호르헤로 상징되던 교회의 근심이었다. 그래서 호르헤는 결국 '희극론'을 염소처럼 먹어치운다.

---

* 『미학 오디세이1』, 진중권, 참고로 아리스토텔레스의 '희극론'은 오늘날 전해지지 않으므로 아무도, 움베르트 에코도 진중권도 그 내용을 알지 못한다. 다만 에코는 내용이 전해지는『시학』제1부 '비극론'의 텍스트를 바탕으로 사라진 제2부 '희극론'을 재구성한 것이며, 진중권은 이를 인용한 것이다.

세상을 상징적으로 나타내는 미궁

서양 중세 건축사는 교회 건축사에 다름 아니며 이를 관통하는 양식인 로마네스크와 고딕은 교회 건축사에 헌사된 양식이라 하여도 틀린 말이 아니다.

소설에 등장하는 수도원은 작가가 만들어낸 가상의 공간이다. 소설과 영화에서는 '이탈리아 북부의 외딴 수도원'으로 등장한다. 1327년이라는 시간과 소설 속 수도원은 로마네스크의 영역 안에 있으며 고딕의 모습은 미약하다.

로마네스크^{Romanesque}는 '로마 같은', '로마스러운'이라는 뜻으로 로마 건축의 여러 특성, 예를 들어 두꺼운 외벽, 아치, 돔 같은 것들 때

두꺼운 외벽, 아치, 돔 같은 요소들은 로마네스크의 가장 중요한 건축적 특징이다.
체르토사 수도원 © 최우용

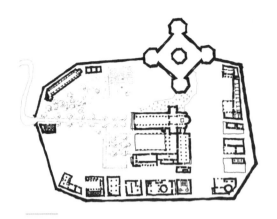

수도원의 배치도 벽은 수도원의 세속적 권력에 맞춰 두꺼
워진다. ©최우용

문에 이러한 명칭을 부여
받았다. 이러한 특성은
로마네스크의 가장 중요
한 건축적 특징이며, 동
시에 교회의 필요에 부합
하기도 했다.

그중에서도 가장 두드
러진 특징인 두꺼운 돌

벽은 당시의 건축적 기술력에 의해 결정되었다. 로마네스크 이전의
건축이 가벼운 (나무로 짠) 지붕을 얹고 있는 것에 반해 로마네스크
의 건축은 무거운 돌지붕을 이고 있다. 아치를 이용한 배럴 볼트의
사용으로 내부를 넓힐 수 있었던 대신 무거운 돌지붕을 떠안게 된
것이다. 이 돌지붕을 지탱하기 위해 벽은 지붕의 무게에 비례해서
두꺼워졌고, 문과 창과 같은 열린 부위는 작아졌다.

로마네스크의 이 두꺼운 돌벽은 여러모로 유용했다. 사분오열된
유럽의 정치적 지형은 서로를 견제하게 만들었는데 자연히 그들은
그들의 공간을 둘러싸고 있는 물리적 구조체의 강도를 높여야 했
다. 성벽이 두꺼운 이유는 방어적 목적에 기인하기 때문이다. 로마
네스크의 두꺼운 돌벽은 외부의 공격에 대한 방어라는 목적에 부합
했다.

이 방어를 위한 돌벽은 교회의 세속화에 맞물려 종교 권력의 물
리적 골격을 완성한다. 이 두꺼운 벽에 의해 보호되는 건축의 모습

은 내부 지향적이며 폐쇄적으로
전개된다. 창문이 작은 수도원은
탄탄하게 쌓아올린 돌벽 안에서
자족하나 밖에서 벌어지는 일상의
고단함과 처절함에 눈을 감는다.

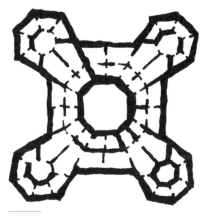

　그래서 이 수도원 성벽의 한 귀
퉁이 구멍에서는 채소를 쏟아내는
치욕의 구휼을 행하고 '개구멍'으
로 소녀를 불러들여 욕을 보인다.

장서관의 평면도　미로는 건축을 통한 통제와 감
시의 효시일지 모른다. ©최우용

민초들에게 굳게 닫힌 수도원의 문이 열리는 시간은 십일조를 짜내
는 시간이며, 음습하고 어두운 수도원의 공간에서는 신의 이름으로
사람의 살을 찢고 뼈를 부수는 행위가 정당하다.

　수도원의 핵심적 공간인 장서관은 라비린토스미로(迷路) 또는 미궁(迷宮)의
로마네스크식 변용으로 통제와 감시의 공간이다. 지적 호기심에 이
끌린 젊은 수도사들은 테세우스가 아니기에 이 공간을 들어오면 목
숨을 잃을 수밖에 없다. 들어오는 자를 통제하고 나가는 자를 감시
하는 공간. 미궁은 건축을 통한 통제와 감시의 효시일지 모른다. 장
서관에 잠입하려는 주인공에게 한 수도사는 이렇게 말한다.

　"'이 미궁은 이 세상을 상징적으로 나타내고 있는 것……. 들어가
는 자에게는 넓지만 나오려는 자에게는 한없이 좁답니다.' 장서관은
거대한 미궁이며, 세계라고 하는 미궁의 기호이지, 들어갈 수 있을
지는 모르지만 나오는 건 장담 못해요. 헤라클레스의 기둥은 범하

는 것이 아닌 법."

사회 속에 놓인 건축, 건축이 투영하는 사회

사회는 건축의 방향키를 설정하고 건축은 다시 사회를 끌어당긴다. 사회사와 건축사는 서로 주고받는 역사다.

로마의 사회는 열주로 구성된 개방적인 바실리카^{basilica}라는 건축을 만들었다. 바실리카에서는 공공의 행위가 이루어졌다. 시장이 열렸으며 노천 법정이 열리기도 했다. 학교가 되기도 했고 거렁뱅이들의 잠자리가 되기도 했다. 사방이 트인 외부 지향의 공간은 로마의 개방적 사회와 연동했다.

중세에 이르러 바실리카는 교회의 원형으로 흡수되고, 벽이 주요 건축 부재로 부각된다. 그리고 이 돌벽은 교회의 세속적 권력에 맞춰 두꺼워진다. 창과 문은 없어지거나 줄어들었으며, 안으로 파고드

에베소의 바실리카 유적 © Mario Čehulić | Dreamstime.com

는 공간이 만들어진다. 세속화된 교회는 그들의 고립된 공간을 만들어갔다. 그리고 그 공간 안에서 유아^{唯我}했고 독존^{獨存}했다.

이렇게 본다면 로마네스크 건축은 기술적 의미에서는 로마네스크일 수 있으나 사회적 의미의 로마네스크는 될 수는 없다. 다시 말해, 로마네스크 건축의 기술적 모습과 표현 양식은 로마스럽다고 할 수 있으나 개방에 관대했던 로마와는 달리 내부를 지향하는 모습은 로마스럽다고 할 수 없는 것이다.

개방적인 로마도 망했다. 폐쇄적인 중세도 근세에 자리를 양보했다. 그 틀 안에 놓인 건축은 계속해서 변해갔다. 어느 시대(또는 지역)의 건축이 다른 시대(또는 지역)의 건축에 비해 우월하다는 계몽주의적 건축사는 거짓이다. 그것은 그저 차이일 뿐이다. 다만 사회속에 놓인 건축과 건축이 투영하는 사회의 모습을 온전히 볼 수 있는 건축인들이 많았으면 한다. 다만 그뿐이나 쉽지 않아 보인다. 세

성 암브로시우스 성당 © 최우용

상에는 아직 호르헤가 넘쳐난다.

수도사 윌리엄이 폐허로 변한 수도원을 보며 아드소에게 말했다.

"인류를 사랑하는 사람의 할 일은, 사람들로 하여금 진리를 비웃게 하고, 진리로 하여금 웃게 하는 것일 듯하구나. 진리에 대한 지나친 집착에서 우리 자신을 해방시키는 일…… 이것이야말로 우리가 좇아야 할 궁극적인 진리가 아니겠느냐?"

뒤틀리고 갈라진 나무기둥 © 최우용

나무, 시간만큼 다루기
어려운 존재

    이 해에 백제국^{百濟國}은 승^僧 혜총^{惠總}, 영근^{令斤}, 혜식^{惠寔} 등을 보내어 부처의 사리를 바쳤다. 백제국은 은솔수신^{恩率首信}, 덕솔개문^{德率蓋文}, 나솔복부미신^{那率福富味身}을 보내어 예물을 올리고 부처의 사리를 바쳤다. 승 여조율사^{聆照律師}, 영위^{令威}, 혜중^{惠衆}, 혜숙^{惠宿}, 도엄^{道嚴}, 영개^{令開}와 사공^{寺工}인 태량미태^{太良未太}와 문고고자^{文賈古子}, 그리고 노반박사^{鑪盤博士}인 장덕백매순^{將德白昧淳}과 와박사^{瓦博士} 마나문노^{麻奈文奴}, 양귀문^{陽貴文}, 능귀문^{俊貴文}, 석마제미^{昔麻帝彌} 및 화공^{畵工}인 백가^{白加}를 보냈다.

    일본 나라시대에 관찬된 역사서 『일본서기』 스슌천황^{崇峻天皇, ?~592}에 기록된 글로, 백제와 일본 그리고 고대 문화와 건축이 얽혀 있다. 일본 최초의 사찰인 아스카데라飛鳥寺, 588~596년는 사찰 건축가라고 할 수 있는 백제의 사공寺工 태량미태와 문고고자 등의 주도로 완성되었다.

땅을 다지고 초석을 마련한다. 그리고 그 위에 기둥을 세우고 지붕을 만든다. 그 지붕 위에 기와를 얹으며, 기둥과 보 등에 화려한 색을 입혀 건축을 완성한다. 이 하이테크한 건축 방식에, 당시 일본 사람들은 커다란 문화 충격을 받았을 것이다. 땅을 파서 기둥을 고정하는 방법으로 건물을 완성하는 굴립주 건축이 지배적이던 일본에 처음으로 대륙과 반도의 건축이 이식된 것이다.

당시 백제와 왜의 관계는 긴밀했다. 백제의 위덕왕과 왜의 쇼토쿠 태자가 그 긴밀한 관계의 상징이었으며 수많은 문화예술인들이 반도에서 섬으로 가기 위해 대한해협을 넘었다. 가난한 상상력을 덧칠하여 1,400년 전 선배 건축가의 마음을 더듬어본다.

나무로 집을 짓는 것이 업인 사람

588년, 백제 위덕왕이 재위한 지 서른다섯 해가 지나고 있다. 노쇠한 고구려의 위협은 치명적이지는 않으나 계속되고 있으며 가야를 흡수한 후 서진과 북진을 동시에 노리는 신라의 움직임은 기민하다. 세월은 어수선하기만 하다.

백제의 사공 태량미태는 영산강 하류의 사위어 가는 저녁 해를 바라보고 있다. 저 소멸하는 태양이 다시 떠오르는 내일 아침이면 아득히 먼 바다로 나아가야 하는구나. 태량미태는 영산강 하류의 잔잔한 물결이 격랑으로 바뀌는 대해의 물길이 두려웠다.

아스카테라 추정 복원도

　그는 바다 건너 섬나라 왜倭의 이야기가 익숙했다. 많은 백제인들
과 승려들이 그리로 건너갔다고 했다. 자신이 태어난 백제뿐 아니
라 적국인 고구려와 신라의 사람들도 왕래한다고 들었다. 그러나
그가 있는 곳과 섬나라 사이의 바닷길은 그에게는 잡히지 않는 두
려움이었다. 저 바다의 깊이는 도대체 얼마란 말인가? 뱃사람들이
말하는 망망대해는 변화가 무쌍했다. 잔잔하기가 뭍과 같다가도 돌
연 집어삼킬 듯 파도가 밀려들 때면 죽음의 문턱에 이른다고 했다.
삶과 죽음이 무시로 교차되는 생사의 갈림길로 나가야만 하는 태량
미태의 마음은 정처가 없다.

　그러다 그의 두려움은 그 두려움을 건너는 나무로 향한다. 극복할
수 없어 보이는 두려움을 나무로 헤치고 나아갈 것이다. 그는 생각
했다. 나는 내일 목선木船에 내 생을 의지하게 되겠구나.

백제와 고구려, 신라의 각축은 청동을 밀어내고 철의 세상을 완성 시키고 있었다. 태량미태는 푸른 청동이 은빛 철로 바뀌는 장면을 여러 곳에서 목격했다. 농가에서, 그리고 전장에서 철이 이루어내는 변화는 혁명적이었다. 농가의 소출은 해마다 늘었으며 목 베는 일이 쉬워진 만큼 전장의 시체도 늘어갔다.

태량미태는 그가 다루는 쇠붙이들을 생각했다. 도끼로 찍어내고 톱으로 켜서 나무를 베어낸다. 자귀를 이용하여 베어낸 나무를 잘라내고 다듬는다. 자귀가 크게 다듬고 끌이 세밀하게 다듬은 나무의 잘린 면을 대패가 곱게 밀어 가지런히 한다. 끌은 나무에 구멍을 뚫거나 겉면을 깎고 다듬는다. 나무메가 감당하지 못하는 부위에 쇠메를 쓰면 될 것이다. 칼이나 송곳, 다림추 등도 철에서 연유한 연장들이다. 태량미태에게는 이 모든 연장들이 손의 연장延長처럼 느껴졌다. 마치 그의 손에서 솟아난 또 하나의 손처럼 익숙했다. 그러나 이 익숙함은 손 안에 들어오는 크기에서만 허락될 뿐이었다.

태량미태는 철은 그 무게와 가공의 난맥으로 집으로 만들기는 어렵다고 생각했다. 철은 집의 재료가 아닌 집짓기의 연장으로 쓰여야겠다고 그는 생각했다. 청동과 철은 집을 이루는 축부軸部가 될 수 없으며 나무를 깎아내고 다듬는 연장에 적합할 터였다. 그는 청동과 철의 혁명이 집과는 아득한 거리가 있다고 생각했다. 소출을 효과적으로 늘리듯, 또 적의 머리를 효과적으로 잘라내는 것처럼 집에서 살아가는 일상이 혁명적으로 바뀔 수는 없을 것이다. 도구는 진보적이나 집은 보수적이다. 광물에서 기원한 덩이쇠가 예비하고

좁쌀만 한 씨앗 속에 담겨져 있는 그 우주의 신비가 수십, 수백 년을 생장하며 그 시간을 몸속에 새겨 넣는다. © Derek Holzapfel | Dreamstime. com

있는 혁명은 유기체인 나무가 감당하는 일상의 지루함을 담아내지 못할 것 같았다. 그는 불현듯 그의 까마득한 선대가 지었다던 한 사찰의 몇백 년 된 나무기둥의 주름을 한번 쓰다듬어 봤으면, 하는 욕구를 느꼈다.

나무로 집을 짓는 것이 업인 그에게 나무는 항상 어려운 존재였다. 좁쌀만 한 씨앗 속에 담겨져 있는 그 우주의 신비가 수십, 수백 년을 생장하며 그 시간을 몸속에 새겨넣는다. 그 시간만큼 나무는 다루기 어려운 존재로 변해간다.

그 몸통을 잘라내는 순간 나무는 인간의 곁으로 건너온다. 하지만 쉽게 그 쓰임을 허락하지 않는다. 생의 작용이 왕성하던 온전한 유기체가 허리춤이 잘리는 순간 그 생을 추동하는 수분水分은 그 형상을 변형시키는 잠재태潛在態로 잠복하게 된다. 그 수분이 온전히 빠져나가지 못한 상태로 인간의 삶으로 다가온 나무는 뒤틀리고 갈라진다. 그런 뒤 나무는 다시 인간의 삶 바깥으로 튕겨나가기도 한다.

하지만 뒤틀림과 갈라짐은 결국 나무의 사후 생명 현상이라 보아야 할 것이다. 이 죽음 이후에 찾아오는 나무의 또 다른 차원의 생명 현상을 인간이 어쩌지는 못할 것이다.

이 완전 건조는 아득한 이상향의 세계 같았다. 태량미태는 생각했다. 이 이상향을 세상에 불러들일 수만 있다면, 그렇다면 내가 만든 집이 영원할 수도 있겠구나. 그러나 그는 과연 그것이 가능할지 알 수 없었다. 그의 아버지가 그랬고 그의 할아버지가 그러했던 것처럼 그는 나무의 수분과 나무의 사후 생명 현상을 인정해야만 했다. 그래서 그는 자신이 만든 건축물이 언제나 사람의 손길을 필요로 할 운명일 것이라고 생각했다. 그 손길은 태량미태를 벗어나는 순간 온전히 살아가는 이의 몫으로 전환되고, 그의 테두리로 편입될 것이었다.

다음 날 아침, 태량미태는 포구에서 또 한 명의 사공인 문고고자를 만났다. 노반박사인 장덕백매순이 도착했는데 그는 불탑의 상륜부를 만드는 기술자였다. 곧 기와 제작을 책임지게 될 와박사인 마나문노, 양귀문, 능귀문, 석마제미가 도착했고 단청을 칠하고 벽화를 그리게 될 화공畫工인 백가白加 등이 모였다.

그들은 서로 아무런 말도 나누지 않고 배에 올랐다. 돛이 달린 나무 배였다. 가야가 신라에 병합된 후 남해안 연안을 경유하는 뱃길은 포기되었다. 신라의 세력이 미치지 않는 한도 내에서 최대한 연안을 따라 동진한 후 남으로 방향을 돌릴 것이다. 그러나 쓰시마를 경유할 것인지 바로 큐슈의 북단을 목표로 할 것인지는 아직 결정하지 못한 듯했다. 그러나 쓰시마를 경유하더라도 큐슈에 정박하여 호흡을 가다듬을 것이다. 이곳부터는 잔잔한 내해內海를 지나게 된다. 큐슈와 혼슈, 시코쿠에 에워싸인 세토 내해를 항해하여 오사카에 도착하면 바닷길 여행은 끝이 난다. 그곳부터 육로를 이용하여 왜의 신생한 정권의 심장부인 아스카로 들어갈 것이다.

태량미태는 자신과 그의 동행들이 왜의 정치 권력의 정점에 놓여 있는 이들의 요청으로 사찰을 짓기 위해 간다고 들었다. 아직 왜인들은 사찰을 조영造營해본 적이 없다고 한다. 그들이 짓는 사찰이 왜인들의 첫 사찰이 될 것이다. 일본의 최초의 사찰인 아스카데라飛鳥寺는 이들에 의해 세워졌다.

두꺼운 유기체로 된 집을 꿈꾸며

나는 가끔 설계를 시작할 때 온전히 나무로만 이루어진 집을 꿈꾸기도 한다. 그러나 그 꿈을 이루기는 쉽지 않다. 콘크리트 구조의 구조적 '합리성'과 '경제성'에 최적화된 우리의 건설 시스템 속에서 나무는 상대적으로 덜 '합리적'이며 비'경제적'인 재료다. 그래서 나무는 1~2센티미터로 얇게 벗겨진 채 콘크리트나 철골 위에 덮이는 수준에 머문다. 1~2센티미터의 두께 안에서 나무의 물성과 생명 현상을 이야기하는 일은 허망하고 낯간지러운 일이다. 나는 일상의 지루함을 담아낼 나무, 두꺼운 유기체로 지어진 집을 그리고 또 그리워한다.

호류지 금당과 5층탑 ⓒ 최우용

그 안에 젊음과 늙음을
함께 지닌 나무

호류지 가는 길

오사카 덴노지에서 출발한 기차는 동쪽으로 달린다. 교외를 벗어나자 창밖을 메우는 것은 논이고 밭이며 점점이 박혀 있는 농가다. 농경이 빚어내는 수평의 시원적 풍경은 2천 년 전과 지금이 다르지 않을 것이며 섬과 반도가 다르지 않아 보인다. 나무 쟁기가 쇠 쟁기로 바뀌고, 다시 동력축으로 작동되는 트랙터로 바뀌었다. 건축 도구의 진보는 건축을 수직으로 키웠고 농기구의 진보는 논과 밭을 수평으로 넓혔다. 하지만 도구는 진보적이나 땅은 보수적이다. 땅은 가진 것만큼 작물을 길러내고 인간은 땅에서 연유한 그것을 씹어 삼키고 소화시키며 연소시켜 살아간다.

입을 건사한다는 것, 그것은 너무나도 당연해 일 같아 보이지도 않는다. 그것은 무차별적인 일이다. 가난한 자와 가진 자 모두 먹어야 산다. 지위가 높은 자나 무지렁이나 모두 먹어야 산다. 이것은 생물학적 생존의 기본 조건으로 죽을 때까지 반복되는, 숨 쉬는 것과 같은 일상의 일이다. 그래서 땅에서 연유하여 입속으로 흘러가는 것들을 살려내고 키워내는 일은 지겹고도 위대한 과업이다. 이 위대한 과업을 수행하는 사람들은 무조건 숭고하며 이들이 꾸려나가는 논과 밭이 지금 창 밖에 지천으로 펼쳐져 있다. 이 길고 긴 평온과 생존의 수평을 지나고 기차는 호류지 역에 도착한다.

세상에서 가장 오래된 나무 건축

요메이 천황用明天皇, ?~587은 병을 얻게 되자 불력의 힘을 빌리기로 한다. 그래서 사찰의 건축을 명한다. 그러나 완공을 보지 못한 채 운명을 달리하는데, 그의 유지를 받들어 쇼토쿠 태자는 사찰 건립의 과업을 완수한다. 호류지法隆寺의 창건은 이러한 사정에서 연유하였다. 태량미태가 만들었던 아스카데라는 지금 퇴락한 흔적조차 남아 있지 아니하나 호류지는 1천 400년의 시간을 건너와 지금의 자리에서 고요하다.

호류지에 소장되어 있는 덴세이天正, 13년1575경에 만들어진 가람총도伽藍總圖, 가란소즈에는 다음과 같은 내용들이 기록되어 있다.

'백제로부터 대공大工, 다이쿠을 초빙하시었다. 백제의 성왕聖王에게서 사천왕존四天王尊 하나에 한 명씩 대공을 곁들여 보내시었다. 그리고

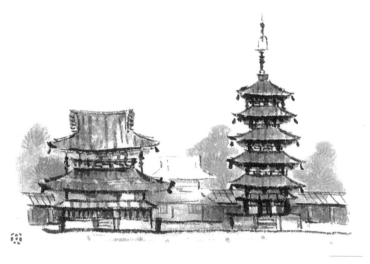

호류지 방문 기념 엽서를 필자가 다시 그린 것

사대공四大工, 시다이쿠이라 칭하였다. 다몬多門, 다몬, 금강金剛, 곤고, 도자圖子, 도즈, 중촌中村, 나카무라 등이었다. 위의 사대공들이 동채棟采가 되어 성취成就하였다. 반구리斑鳩里, 이카루가사토에서 살았다.'

아스카데라와 마찬가지로 호류지 또한 백제의 장인들에 의해 조영되었다. 바다를 건너 섬으로 온 이들 중 '금강金剛, 곤고'씨의 본래 이름은 전주유씨 유중광柳重光으로, 요메이 천황으로부터 금강이라는 성을 받았다고 한다. 유중광, 즉 금강중광이 세운 금강조金剛組, 곤고구미라는 사찰 건축 회사는 대를 이어 39대 금강이강金剛利降, 곤고 요시다카이 운영하는 오늘에 이르고 있다.

601년에서 607년에 이르는 동안 백제에서 바다를 건너온 이들은 나무를 자르고 깎고 세우며 맞추고 이어서 대륙과 반도의 양식화된 목조 가구식 건축을 섬에 이식했다.

호류지는 평지에 가람배치하고 있는데 가장 중심적 공간은 5층탑과 금당이 있는 영역이다. 남대문과 중문은 남북 일직선상의 축을 이루고 있는데, 이 문을 통해 회랑으로 구획된 영역으로 진입하게 된다. 5층탑과 금당은 동서로 배치되어 있고 회랑에 둘러싸여 있다.

금당은 두 겹의 지붕을 두른 1층과 팔짝지붕을 이고 있는 2층의 안정된 비례 덕분에 가뿐해 보이며, 5층탑은 마치 정림사지 석탑을 보는 듯 세련된 비례와 웅비하는 기상으로 우뚝 서 있다. 이 두 건축물은 고대 백제의 건축 법식을 몸으로 보여주는데, 지붕 처마를 받치고 있는 초기 하앙^{下昻} 구조는 특히나 애틋했다. 이 두 건축물은 실체를 갖고 있는, 아마 세상에서 가장 오래된 나무로 만든 건축물일 것이다.

나무 그리고 나이테

나무는 그 생의 기록을 스스로 몸에 새겨 기록한다. 그 기록이 나이테인데, 연륜^{年輪}이라고도 한다. 세포 분열이 활발한 봄과 여름에는 세포벽이 두껍지 않고 수분 공급이 원활하여 세포의 부피가 크기 때문에 나이테의 간격이 넓고 색이 연하다. 반면 가을에서 겨울에 이르는 기간은 성장 속도가 급격히 감소하여 세포벽이 두껍고 세포의 부피가 작아서 조직이 치밀하고 나이테의 간격이 좁으며 색이 진하다. 그래서 테^{rim}로 나무의 나이를 확인할 수 있는 것이다.

나무는 그 안에 젊음과 늙음을 함께 지니고 있다. 나무는 형성층에서 세포 분열을 일으키며 생을 꾸려나가는데, 줄기의 가운데에는 생의 소임을 다한 늙은 심재가 들어 있다. 이 늙은 심재는 생과 관련된 생리 활동을 하지 않으며 심재의 외곽에서 세포 분열로 젊음의 생을 일구어 나가는 변재의 물리적인 버팀목이 되어준다. 심재는 생의 내력을 증명하려는 듯 축적한 타닌과 페놀 등을 가지고 색을 짙게 하여 변재와 경계를 짓는다. 시간이 가면서 변재는 늙은 심재로 편입되고, 그 경계에는 다시금 신생한 형성층의 세포들이 꿈틀거린다. 나무는 계속해서 늙음을 적층시키고 젊음을 일으키며 생을 추동시키고 이어나간다.

수분水分을 털어내고 타닌과 페놀의 유분油分을 축적시킨 심재는 늙음의 고요함으로 외부 환경에 쉽게 변형되지 않는다. 그래서 기둥과 들보 등 반영구적으로 사용되어야 할 건축 부재는 심재에서 얻는다. 반면 수분을 털어내지 못한 변재에는 뒤틀림이 잠복해 있다. 따라서 변재는 판벽이나 마루널처럼 정기적으로 갱신해야 할 곳에 쓰인다.

기후 조건이 생장에 좋은 해에는 나이테의 간격이 넓고 그렇지 못한 해에는 간격이 좁다. 그래서 나이테의 간격을 패턴화할 수 있다. 예를 들어, A라는 나무의 나이테 간격의 일부가 5-3-2-3-4-4밀리미터라면 일정 지역 내의 같은 시기에 자란 다른 나무들의 나이테 간격은 A라는 나무의 나이테 간격과 절대값은 다르지만, 그 간격의 패턴은 동일하게 나타난다. 예를 들어, 같은 시기의 비슷한 지역에서 자란 B나무의 나이테 간격은 4-2.5-1.5-2.5-3-3밀리미터……식으로 나타나게 되는 것이다. 이런 이유로 생몰 시기의 절

1천 400년의 나무결은 아득했지만 아늑했다. © 최우용

대값을 확인할 수 있는, 충분한 나이테를 갖고 있는 하나의 기준이 되는 나무를 정하고 나면, 꼬리에 꼬리를 무는 방식으로 나이테를 겹쳐서 나이테 패턴의 데이터베이스를 구축할 수 있다. 이 데이터 베이스로 나무의 절대 연대를 측정할 수 있는데, 미국 · 영국 · 독일 등의 국가는 1만 2천 년 전까지, 일본과 중국에서는 3천 500년 전까지의 표준연대기를 확보하고 있다고 한다. 이 나무의 연대 측정 방식을 연륜연대측정법이라고 한다. 이 측정법은 단순하며 2차원적이나 그 오차 범위는 몇 해를 넘기지 않는다. 연륜연대법은 호류지가 간직한 시간을 정밀하게 측정해냈는데, 호류지 5층탑 심주의 표본을 측정한 결과 594년에 벌채된 사이프러스 나무로 밝혀졌다.

담징 또는 어느 무명씨의 벽화

고구려 승려이자 화공 담징曇徵, 579~631은 서른을 넘긴 610년, 고구려 영양왕 21년에 승려 법정과 함께 일본으로 건너갔다. 그리고 호류지 금당에 벽화를 그렸다고 알려져 있다. 우리에게는 담징이 그린 '담징의 벽화'나 일본인들에게는 7세기 후반경의 하쿠호 시대에 그려진, 알 수 없는 이가 그린 그림이다. 벽화를 그린 화가를 두고 서로 이견이 있는 이유는 호류지가 언제 지어졌는지가 명확하지 않기 때문이다. 대체로 호류지는 607년에 완공되었고 612년에 담징이 벽화를 그린 것으로 알려져 있는데, 『일본서기』의 670년 기사記事에는 호류지가 화재로 전소되었다는 기록이 나온다. 그래서 현재의 호류지는 670년 이후, 710년경에 완전히 재건되었다고 보는 견해가 있다. 이 주장이 맞는 것이라면 이때 담징이 그린 벽화 또한 소실되었을 것이다. 그런데 이 또한 논란이 되는 것은 연륜연대법에 의해 밝혀진 호류지에 사용된 목재의 벌채 시기다. 594년에 벌채된 나무를 710년경까지, 100년을 넘게 재워두었다가 썼다고는 보기 어려운 탓이다. 이처럼 사실과 기록의 얼개를 완벽히 맞출 수 없는 상황이기에 호류지 건립 시기와 금당 벽화를 그린 주인공의 자취는 모호하다.

사실 나는 금당의 벽화를 담징이 그렸는지 아니면 어느 아스카인이 그렸는지가 그다지 궁금하지 않다. 담징이 그렸다고 하는 이들과 끝까지 그렇지 않다고 강변하는 이들의 다툼은 조금 서글퍼 보인다. 누가 그렸다고 한들 불국佛國의 이상향을 남기려 했던 화공

쇼토쿠 태자에게 불국을 이야기하는 담징 또는 어느 아스카인(기록화) ⓒ최우용

의 종교적 · 예술적 신념 앞에서 달라질 것은 없다. 나는 다만 그 신념과 열정이면 충분히 감동적이다.

　나는 모든 것이 녹아내릴 듯 태양이 작렬하는 여름날에 호류지를 찾았다. 그리고 땀으로 끈적거리는 손을 닦고 금당의 오래된 기둥을 쓰다듬었다. 백제의 어느 장인이 마름질한 그 나무의 결 위에 1천 400년의 시간은 아득했지만 아늑했으며, 그 나무에 담겨 있는 시간의 결 위에서 손은 잔잔하게 떨렸다. 그리고 금당에 걸려 있는 그림에서 나는 그림을 그리는 화공의 고요한 뒷모습의 환영을 보왔다.

　이토록 오래 서 있을 수 있는 나무의 깊은 심재를 찾아내고 마름질한 선배 건축가의 눈과 손은 위대해 보였고, 시대를 넘어서는 사불정토의 이상을 남기려 한 화공의 종교적 · 예술적 의지 또한 위대해 보였다.

'기둥 안'에서 '기둥 밖'을 보다. ©최우용

새로운 기둥 또는 새로운 미래,
센다이 미디어테크

수직 기둥의 신화

센다이^{仙臺}로 향한다. 일본 건축가 이토 도요^{伊東豊雄}가 설계한 센다이 미디어테크를 보기 위해서다. 미디어테크는 영어 '미디어^{media}'와 불어 '테크^{theque}'의 합성어다. 불어 '테크'는 그릇 또는 선반 등을 의미한다. 영어로는 '미디어라이브러리^{media-library}'라고 하는데, 미디어도 서관 정도라고 번역된다.

　이 건축물은 세계적으로도 큰 관심을 받았는데, 주목할 만한 새로운 건축적 개념들을 담고 있기 때문이다. 그중 가장 눈여겨볼 만한 부분은 이 건축물이 안에 품고 있는 기둥이라는 건축 요소의 특별함이다.

"……(전략) 인류가 대지에 기둥을 세우기 시작했을 때부터 기둥은 바닥에 수직이었다. 그래야만 했다. 그래야 튼튼하기 때문이다. 여기까지는 '필요에 의한 수직'이었지만, 이후 건축 만들기가 정형화되기 시작하면서부터는 '관습에 의한 수직'이 되었다. 이후 시간이 흘러 데카르트 좌표계, XYZ 축에 충실한 직선의 건축들이 세워지면서 부터는 '절대적, 관념적 수직'으로 굳어진다. 수직, 수평만이 합리와 진리의 모든 것이었기 때문이다. 이 수직과 수평에 대한 집착은 거의 병적일 정도로 근대 이후의 건축가들을 지배하기 시작한다. 쿨하스는 쿤스트할에서 이 XYZ 좌표계를 꺾어버렸다. 바닥도 경사지게 하고 그에 맞춰 기둥도 꺾어버린 것이다! 강박적인 건축의 틀, 그는 결코 바뀔 수 없을 것이라 생각되었던 그 좌표계를 비틀어버렸다. 저 비스듬한 기둥! 저 기둥은 멋 부리기 위해 꺾인 것이 아니다. 쿨하스는 저 기둥 안에 무서울 정도로 날카로운 해체의 칼날을 숨겨 놓았다. 그는 수천 년간 기둥에 눌러 붙어 있는 화석화된 관습과 관념에 열렬히 조롱을 보내고 있는 것이다. (후략)……"

『유럽방랑 건축+화』, 최우용

위의 인용으로부터 시작하면 좋겠다. 좀 더 풀어서 말해보면 다음과 같다.

인류는 좀 더 적극적으로 환경에 적응하며 생존의 가능성을 높이기 위해, 자연적 셸터^{shelter}, 그러니까 동굴 같은 자연의 은신처에서 나오기 시작한다. 이때부터 인간은 스스로를 보호할 집을 짓기 시작한다. 아마 기둥을 세우는 것에서부터 출발했을 것이다. 이 기둥

인간은 스스로를 보호할 집을 짓기 시작할 때 기둥을 세우는 것에서 출발했을 것이다.

위에 무엇인가를 얹어 눈과 비를 피하고 뜨거운 태양을 피했을 것이다. 원초적 형태의 가구식 구조*다. 그런데 이 원시적 기둥은 지금처럼 기초가 튼튼하지 않았다. 기껏해야 흙바닥을 얕게 파고 그 위에 고정시키는 정도였다. 그래서 기둥은 중력 방향과 반드시 수직을 이루어야 했다. 만약 한쪽으로 치우친다면 기둥은 자중自重, 즉 스스로의 무게를 감당치 못하고 쓰러졌을 것이 분명했기 때문이다.

---

* 架構式構造, post-and-lintel : 'post'는 기둥을, 'lintel'은 인방(引枋)을 의미, 여기서는 기둥을 세우고 그 위해 보를 얹은 구조

여기서부터 수직 기둥의 신화가 시작된다. 구조적인 필요에 의해 반듯하게 세워진 기둥은 거스를 수 없는 '기준'이 되었다.

기둥은 건축물을 떠받드는 가장 원초적이고 중요한 요소이기에, 사람들은 기둥에 관습적인 형식들을 집어넣기 시작한다. 서양 건축의 고전을 규정하는 오더* 같은 것들이 그러한 예이다. 그리스에서 시작한 오더는 도릭과 이오닉, 코린티안과 같은 형식 등을 정형화시키는데 로마 시대에 터스칸과 콤포지트의 두 가지 형식이 추가된다. 그리고 이 정형의 기둥들은 서구건축사를 관통하며 그 모습을 유지한다. 당연히 이 기둥들이 수직의 신화에 충실했음은 두말할 필요가 없다. 시간이 흘러 근대 기하학이 세상에 나온다. 데카르트에 의해 빛을 본 근대 기하학과 그의 장남 직교좌표계는 드디어 사람들에게 인간의 지각 안에 우주 만물의 모든 것을 자리매김 시킬 수 있다는 자신감을 심어준다. XYZ 좌표계만 있으면 모든 것들을 좌표점이라는 이름으로 그 존재를 확실히 표현할 수 있다는 신념이 만들어진 것이다. 이 직교좌표계는 단순한 도구를 넘어 서구를 지배하고 있던 여러 가치관과 감성의 영역들을 무장해제시키기 시작한다. 그래서 근대의 정량적 사고의 시작과 함께 정성적인 상징과 기호 등은 설 자리를 잃고 만다. 그리고 서구사는 이제 본격적으로

---

* 서양 고전건축에서 기둥과 엔타브라처(entablature:기둥에 의해 떠받쳐지는 부분)의 조립 형식. 특히 주두에 의해서 확연히 구분되는데, 그리스 시대에 도릭(Doric)과 이오닉(Ionic) 그리고 코린티안(Corinthian)의 세 가지 형식이 정형화되었고, 이후 로마 시대에 터스칸(Tuscan)과 콤포지트(Composite)의 두 가지의 형식이 추가되었다.

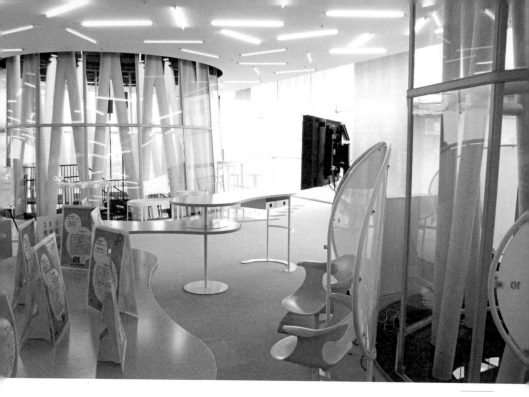

'근대'로 넘어가고, 건축 또한 격변을 맞이할 운명에 놓인다.

　이 격변의 시기는 기둥에서 상징, 기호, 장식 등을 탈색시킨다. 기둥이 하얗고 창백해진다. 기둥은 장식을 포함한 일체의 모든 것들을 털어내고, 모더니즘 건축가들에 의해 반듯하고 매끈하고 네모반듯한 단면의 수직 기둥으로 변모한다.

　그러나 시간은 흘러간다. 모더니즘에 대한 반동이 시작된다. 이 매끈한 기둥들에 다시 장식이 달라붙는다. 이는 포스트모던이 역사를 향해 취했던 열렬한 구애의 한 모습이다. 매끈한 기둥들을 섹시

새로운 기둥 또는 새로운 미래, 센다이 미디어테크

하게 바라봤던 모더니스트들과 다르게 포스트모던의 건축가들은 그 창백한 기둥에서 무미건조함을 너머 허무함을 느꼈다. 하지만 직교좌표계에 대한 미련을 완전히 놓아버리지는 못한 채 머뭇거렸다.

이 주저함, 아니 주저함이라는 표현은 적당치 않다. 아직까지 그들은 기둥의 '수직'만큼은 의심하지 않았다. 직교좌표계 속에 놓여 있는 근본적 구조의 테두리를 의심하지 않았기 때문이다. 그러나 소쉬르를 시작으로 푸코, 바르트, 레비스트로스 그리고 라캉 등을 통해 이 구조의 한계가 논의된다. 이는 건축의 영역으로 확장된다. 때를 맞추어 '해체주의 건축가'라 이름 붙여졌던 일단의 건축가들이 등장한다. 그리고 쿨하스와 같은 건축가들을 필두로 수직 기둥의 신화가 공격당하기 시작한다. 반듯한 기둥을 삐딱하게 만든 것은 해체주의 건축가들이 건축 구조에 대해 천부적인 재능을 갖고 있어서가 아니다. 오늘날의 구조 해석과 시공 기술에 비하면 비스듬한 기둥은 난이도 있는 구조나 공사 축에 끼지도 못한다. 해체(적) 건축가들은 드디어 수직의 기둥, 그 기둥에 붙어 있는 관습과 관념과 구조적 테두리의 한계에 의심의 눈길을 보내게 된다.

센다이 미디어테크의 기둥의 이야기는 여기서부터 시작된다. 센다이 미디어테크의 외관은 대단히 심플하다. 반듯한 평면을 누적시키고 그 겉에 유리 커튼월을 사방으로 메어 달았다.

유리로 뒤덮여 극단적으로 뜨겁거나 혹은 극단적으로 차가운 그 건축물에서
사람이 살 만한지 아닌지를 생각해봐야 한다. © Chuyu | Dreamstime.com

유리벽, 극단적으로 뜨겁거나 차갑거나

여기서 잠깐 샛길로 빠져서 유리 이야기를 조금만 해보자. 센다이 미디어테크의 유리 커튼월은 오늘날 우리의 도시를 장악하고 있는 일반적인 유리벽과는 차이가 있다. 이 건축물의 경우에는 열^{熱}에 가장 민감한 남쪽 면을 이중 유리벽$^{double\ skin\ glass}$으로 구성하여 중간에 공기층을 만들고 그 상층부에 개폐^{開閉} 기구를 설치하였다. 이 중간 공기층과 상층 개폐 기구는 중요한 역할을 한다. 여름철에는 이 개폐 기구를 열어 상승 기류를 발생시킨다. 그러면 유리면의 표면은 자연스럽게 냉각되어 실내 온도를 낮추는 효과가 발생한다. 반대로 겨울철에는 개폐 기구를 닫아 단열성 높은 공기층을 만들어 실내의 난방 부하를 줄여준다.

도심을 장악한 유리 커튼월, 건축가들은 유리와 투명성을 연결하여 시대의 밝고 투명함을 찬미하며 로이 유리$^{low\text{-}emissivity,\ 저방사\ 유리}$ 또는 복층 유리라는 '기술'의 이름 뒤에 숨는다. 반짝반짝한 현대적 '이미지'를 사랑하는 건축가들은 '환경 친화적 건축' 혹은 '친환경적 건축' 같은 용어들을 말하며 건축의 그린워시*를 실천(?)해 나가고 있다. 그러나 이 유리 건물 안에서 어떤 일이 일어나는지를 이제 우리는 잘 알고 있다. 지구적 재앙에 당면한 오늘날 건축물에 사용되는 유리 커튼월은 '투명성' 또는 '가벼움'이라는 건축적 관념과 미학에

＊　Greenwash:실제로는 환경에 악영향을 끼치면서도 광고 등을 통해 친환경적인 이미지를 내세우는 행위

집중하기에 앞서, 유리로 뒤덮여 극단적으로 뜨겁거나 혹은 극단적으로 차가운 그 건축물에서 사람이 살 만한지 아닌지를 생각해봐야 한다.

그리고 실상 건축가들이 탐닉하고 또 의지하고 있는 유리의 투명성이라는 관념이 일반인들에게 어떻게 받아들여지는 또 다른 문제다. 예를 들어보면 이런 것이다. 한 시사 라디오 방송에서 유리 커튼월로 사방을 뒤덮은 어느 호화 시청사가 논란이 되었다.

진행자 왈, 왜 비싼 유리로 건물을 덮었나요? 리포터 왈, 행정의 투명성을 상징한다고 합니다. 다시 진행자 왈, 행정이 투명한 것과 유리가 투명한 것 사이의 상관관계는 무엇입니까? 유리가 투명하기 때문에 행정이 투명할 것이라는 그 기대는 정당한 것입니까? 다시 리포터 왈, 저도 잘 모르겠습니다.

오고간 표현이 정확한 것은 아니지만 대략 위와 같았다. 특히 진행자 손석희는 '행정의 투명성을 상징한다고 합니다' 부분에서 실소했다.

유리는 건축의 외피를 덮는 껍질이면서 동시에 건축의 꼴을 이루는 형태의 틀이기도 하다. 꼴에 대한 진지한 사고 없이 유리는 그저 재료적 물성의 허울로만 논의되나 결국 그 물성도 현실에 발을 내리지 못하고 있다. 현실에 발을 내리지 못한다면 어떤 관념과 질료라도 그저 건축인들의 마스터베이션이고 생각의 덩어리일 뿐이다. 이 '투명'을 목표로 한 시청사는 결국, '찜통 청사'와 '냉동 청사'의 극단을 오가는 진풍경을 보여주었다. 시청사는 시공사와 설계사, 감리사를 상대로 민사소송 절차를 진행 중이다.

새로운 기둥의 또 다른 가능성

각설하고, 다시 기둥 이야기로 넘어간다. 건축가 이토 도요는 센다이미디어테크 속에 풍요로운 기둥을 심어놓았다. 원형 강관을 다시 원형으로 배열^{튜브기둥}하되 층마다 위치와 크기를 달리하여 반듯한 사각도 아니고 똑바른 수직도 아닌, 처음 보는 기둥을 만들어냈다. 그러나 이 기둥은 '처음'이라는 표피적 수사보다 훨씬 다양한 가능성과 개념들을 품고 있다. 다발 기둥의 성긴 사이사이로는 공간이 열려 있다. 이 틈을 통해 위층과 아래층으로 시선이 오간다. 이 트인 공간과 시선의 교류 덕분에 시각적으로 완벽히 닫혀 있던 층과 층이 연결된다. 뚫린 기둥을 통해 옥상 채광 장치에 반사된 태양광이 전 층으로 전달되며, 또 바람과 기류 같은 물리적 실체가 통하기도 한다. 수직으로 꼿꼿하며 꽉 막혀 있고 또 가득 차 있음이 미덕이었던, 수천 년 동안을 이어오던 기둥의 의미가 완벽하게 다르게 작동되기 시작한다.

'해체주의 건축가'라 불리던 일단의 건축가들이 더 이상 그 이름으로 불리지 않는 까닭은 '해체주의' 근본에 태생적 한계가 있었기 때문이다. 해체! 해체는 반드시 해체당할 대상을 필요로 한다. 기생 생물에게 반드시 숙주가 필요하듯, 해체를 위해서는 반드시 해체당할 무엇이 필요하다. 해체(적) 건축은 기생^{寄生}의 운명이었다. 구태를 공격할 수는 있을지언정 스스로 새로운 무엇을 만들어내거나 자생

할 수는 없는 운명을 갖고 태어났다. 그러나 이 해체적 공격이 있었기에 센다이 미디어테크의 풍요로운 기둥을 얻게 되었음은 다시 말할 필요가 없다. 이 새로운 기둥에서 새로운 미래의 또 다른 가능성을 본다.

범종각 전경. 기둥이 제 역할을 할 수 있으면 구태여 다른 무엇을 덧붙이거나
관념의 옷을 입히지 않는다. ⓒ최우용

오래된 기둥 또는 오래된 미래, 개심사 범종각

3킬로미터의 공백

충청남도 서산으로 향한다. 개심사를 보러 간다.

인천버스터미널에서 한 시간 반 정도를 열심히 달린 버스가 서산 공영버스터미널에 도착한다. 서산의 시간은 서울과 인천의 시간보다 더디 가는 것인가? 몇 해 전 풍경이 여전하다. 터미널 안에 있는 패스트푸드 햄버거 가게도 그대로이고 터미널 맞은편에 있는 서점도 그 자리를 지키고 있다. 주변을 어슬렁거리다 개심사로 가는 버스로 갈아탄다. 버스는 곧 소도시의 중심가를 빠져나가 한가로운 들녘을 유쾌하게 달린다. 개심사 입구까지 바로 닿는 버스는 하루에 몇 편 되지 않는다. 그래서 나는 개심사 '입구의 입구'에 해당하는 곳에서 내린다. 여기서부터 3킬로미터 정도를 더 가야 개심사다. 이 3킬로미터 걷기는 개심사를 위해서도, 또 사찰을 찾는 사람들을 위해서도 좋은 일이다. 이 탈것으로부터의 자유는 인천에서든지 또는 서울에서든지 두어 시간 만에 경험할 수 있는 자유이다.

신창제라는 저수지를 끼고 있는 길은 걷기 좋다. 띄엄띄엄 지나치는 승용차들을 얻어 타도 되지만 걷는 것도 나쁘지 않다. 사실 나같은 시커면 남자는 차를 얻어 타는 것이 걷는 것보다 훨씬 어려운 일이기도 하다. 한 시간 반쯤 아무 생각 없이 느긋하게 걸으니 어느덧 진짜 개심사의 입구에 도착한다. 간단하게 요기를 하고 개심사를 향해 올라간다.

작은 사찰의 일주문은 고요하나 늠름하다. 만만할 만큼 작은 사찰이고 그만큼 편안하기도 하다. 나무가 우거진 야트막한 언덕바지를

범종각이 보이는 개심사 전경 ⓒ최우용

지나니 길고 네모반듯한 연못이 나오고 그 너머에 범종각이 보이기 시작한다.

휘어진 기둥은 숨을 쉰다
개심사 범종각.

　범종각의 지붕을 이고 있는 네 모서리의 기둥은 아주 크게 휘어져 있다. 이 사선의 기둥에는 편심 하중*이 작용할 것이다. 반듯한 라멘 구조**의 기둥에서는 일반적으로 편심 하중을 고려하지 않는다. 모든 기둥은 중력 방향에 반듯한 직선으로 설계되어, 힘이 정확히 도심圖心, centroid 또는 center of figure을 흐른다고 가정하기 때문이다. 그래서 쭉 뻗은 기둥 어느 곳에서도 편심 하중의 값은 이론적으로는 0이 된다. 그러나 범종각의 기둥처럼 과감하게(?) 휘어진 곳이 있다면

개심사 범종각의 네 기둥은 모두 통으로 휘어져 있다. ⓒ최우용

그 지점에서 편심 하중의 누적이 좌굴 파괴를 초래할 수 있다. 쉽게 말해서 휘어진 곳에 하중이 누적되어 약해져서 툭하고 부러질 수 있는 것이다.

그러나 범종각의 네 기둥은 아주 씩씩하게 오랫동안 그 무거운 지붕을 잘도 받치고 있다. 저 나무 기둥의 단면을 예상해보면 크게 휘어진 겉모습과는 다르게 나무 속 심재의 조직 단면은 비교적 곧은 모습일지도 모른다. 그렇게 생각한 이유는 다음과 같다.

우리의 전통 건축에서 대들보로 쓰일 나무는 겉모습은 곧더라도 나뭇결의 단면이 중간에서 약간 볼록하게 치우친 것(위쪽 조직이 좀

---

* 偏心荷重, eccentric load:물체의 중심을 지나기 않는 하중
** Rahmen, 기둥과 보로 이루어진 구조방식

더 단단한 것)을 위로 올라가게
해서 사용한다.[*] 대들보 중간에
휨력과 전단력 값이 최대가 되
기 때문에 이에 대응하기 위해
서는 나뭇결이 곧은 것보다는
위쪽으로 치우친 조직을 갖고
있는 목재가 구조적으로 유리하
기 때문이다. 철근콘크리트 보
에 철근을 보강할 때, 윗배근을
아랫배근보다 많이 하는 이유
도 동일한 이치다. 윗배근을 많
이 해서 보의 가운데가 툭하고
부러지는 것을 방지하고자 하는
것이다.

범종각의 네 기둥은 아주 썩썩하게 오랫동안
그 무거운 지붕을 잘도 받치고 있다. ⓒ최우용

  범종각의 기둥들은 이와는 반대의 개념일 수 있다고 나는 생각했
다. 다시 말해서 겉모습이 휘었더라도 나무 기둥 속의 (하중을 받는)

---

* "반듯하게 제재한 목재에서 무슨 휜 상태를 살피냐고 하겠지만, 곧게 자란 나무는 거의 없고
자라면서 조금은 휘기 마련이다. 양쪽 마구리의 나이테를 보면 나무가 어떻게 휘면서 자랐는지를
쉽게 알 수 있다. 양쪽 마구리의 나이테는 보통 같은 방향으로 치우친다. 나이테 중심이 한쪽으로
치우친 목재는 그 반대 방향으로 휘면서 자란 나무를 곧게 제재한 것이다. 보를 걸 때는 볼록하게
휜 부분이 위로 올라가도록 걸어야 한다. 즉 양쪽 마구리 나이테 중심이 치우친 쪽을 아래로 오도
록 보를 걸어야 구조 역학적으로 휨모멘트(bending moment)를 받는 데 유리하다." (『한옥살림
집을 짓다』, 김도경)

오래된 기둥 또는 오래된 미래, 개심사 범종각

심재가 반듯하다면 겉모습의 생김과 상관없이 힘이 자연스럽게 기둥을 타고 땅으로 흘러가는 것이다. 그러나 이런 내 생각과는 다르게 나무 기둥 속의 결도 휘어져 있을 수 있다. 여타의 다른 구조적 변수, 예를 들어 휘어진 형태를 극복할 정로도 기둥의 단면이 충분히 두껍다든지 하는 등의 이유가 있을 수 있기 때문이다.

눈길이 가는 것은 저 휘어진 기둥을 가공 없이 사용한 목수의 경험적 직관과 무위無爲로 집을 짓는 목수의 마음이다. 게다가 범종각의 기둥들은 표면에 별도의 가공이나 채색도 하지 않았다. 나뭇결이 그대로 노출되어 있다. 노인의 두터운 주름을 보는 듯하다.

저 가공하지 않은 휘어진 기둥의 모습과 이 오래된 나뭇결은 마치 기둥 밑에 주초柱礎가 아니라 뿌리가 있어 아직도 물을 빨아들이고 숨을 쉬고 있을지도 모른다는 상상을 하게 한다.

오래된 기둥에서 발견한 오래된 미래

서구 건축의 구조적인 틀을 의심하기 시작한 건축가들, 그들이 날카롭게 비판의 날을 세울 때가 있었다. 렘 쿨하스가 쿤스트할에서 기둥을 꺾어버렸고, 프랭크 게리는 기둥을 온통 휘거나 뒤틀었다. 휘어진 형태라면 자하 하디드 또한 둘째가라면 서운할 것이고, 다니엘 리베스킨트의 건축물은 온통 사선斜線으로 가득하다. 아이젠만이 설명하는, 대략 '위상기하학적 컴퓨터 프로그래밍을 통한 건축가 없는 건축' 정도로 요약되는 난삽難澁한 이론과 형태는 그야말로 상상을 불허한다. 컴퓨터가 무작위로 만들어낸 형태에 공간을 집어

넣기 때문이다. 그러나 이 '해체'라 불렸던 건축과 생각들에는 모순적 한계가 있었고 그 한계는 결정적이었다. 기둥을 휘고 면을 곡(曲)지게 해도, 또 건축의 정형화된 틀을 어떠한 형태적 모습으로 해체하더라도 그들 스스로의 존재 기반을 만들 수가 없었다. 그들은 그들 자신을 '해체주의 건축가'라 부르기 주저했지만 그들이 당시에 기댔던 관념의 언덕이 '해체'였음은 분명해 보인다. 휘어지고 뒤틀린 기둥, 곡이 진 면, 사선으로 찢어진 창문, 뒤집힌 위아래…… 이처럼 그들의 건축은 건축가 각자가 특별히 선호하는 형태적 특성이 대단히 강하다. 이 강한 형태성이 그들에게 건축적 틀을 정형화시키고 일종의 매너리즘까지 가져다주지 않았을까 한다.

이제 그들은 해체의 이름에서 벗어나 그들의 다양한 건축적 지향점을 이야기하며 새로운 모습의 건축을 보여주고 있다. 그러나 아직까지도 그들의 일부 건축에서 바로 해체적 조형의 굴레가 보이기도 한다. 리베스킨트의 건축이 그의 건축으로 보이고 하디드의 건축이 그녀의 건축임을 쉽게 짐작할 수 있는 것은 그러한 이유 때문이다.

현학적 이야기와 철학에 골몰하고 그 비범한 조형에 힘을 써도 그들이 힘을 주는 그 근본은 어쩌면 근대의 언저리에서 그리 멀리 나가 보이지는 않는다. '해체'와 같은 비판의 날이 무뎌진 또는 사라진 그들의 건축은, 그들이 놓인 자리에 자연스럽게 스며들지 못하고, 다만 현란한 수사와 조형적 특이성으로 스스로의 존재를 그악스럽게 외치며 문화적 우위를 웅변하고자 하는 것은 아닐까? 라는

오래된 기둥 또는 오래된 미래, 개심사 범종각

불편한 생각마저 드는 것은, 아마 무식한 병아리 건축인의 무지함일 것이다.

여기서 개심사 범종각, 그 휘어진 기둥을 생각한다. 아주 오래전에 정형화된 우리의 건축이지만, 그것이 만들어지는 과정에는 순응하고 순리에 따르고 무리하지 않고 자연스럽게 한다는 정신이 들어가 있었다(라고 나는 생각한다). 멋지게 비틀어진 해체적 기둥은 전위적 공격력을 잃고 비틀어지고 튀는 형태를 얻었다. 그러나 범종각의 휘어진 기둥은 해체의 휘어진 기둥과는 다르다. 개심사를 지었던 목수가 기술이 부족해 휘어진 통나무를 그대로 기둥으로 쓴 것이 아니다. 이미 수백 년 전에도 균형미 있고 섬세한 배흘림기둥이 무수히 만들어진 것을 보면 알 수 있다. 또한 구조적 기능을 발휘하기만 하면 된다는 단순한 경제적 관념 때문만도 아닐 것이다.

자연스럽게 한다. 기둥이 제 역할을 할 수 있으면 구태여 다른 무엇을 덧붙이거나 관념의 옷을 입히지 않는다. 그것이 내가 상상하는 개심사 목수가 갖고 있던 무위의 마음이 아닐까 한다. 이 오래된 기둥에서 우리가 잊었던 오래된 미래를 본다.

1981년, 레비스트로스는 한국에서 강연을 했다. 그는 우리를 포함한 동아시아 가치관에 녹아 있는 구조주의적 사고에 대해 이야기했다. 도가의 무위無爲가 그러하고, 불가의 연기緣起가 그러하며, 풍수의 양택陽宅과 음택陰宅이 그의 관심을 끌었을 것이다. 하물며 매우 보수적이라고 여겨지는 유교 또한 서로의 관계 설정에서 시작한다.

당시 레비스트로스가 강의를 통해 언급한 내용 중 한 부분을 인용해본다.

> "구조주의는 인간 활동과 우주의 여러 현상의 다른 분야 사이에 연관성을 찾아내는 사고활동입니다. 음양, 천지, 명암, 군신, 부자, 사제 등 이들 간의 관계를 연구 설립하는 사고방식이야말로 너무나 내가 연구에 접할 때 사용하는 사고방식과 같습니다. 개체가 중요한 것이 아니고 개체 간의 관계를 우선 연구하는 바로 그것이 구조주의 방법인 것입니다. 이런 사고방식은 고대 방식에서도 널리 퍼져 있었고 다만 구조주의라는 용어가 없었을 뿐이지 구조주의적 사고방식은 오늘날보다 고대에 훨씬 많았다고 봅니다."
>
> 『푸코, 바르트, 레비스트로스, 라캉 쉽게 읽기』, 우츠다 타츠루에서 재인용

존재의 안으로만 파고들었던 건축이 고개를 들어 옆을 봐야 할 시간이다. 그러면 그동안 소홀했던 관계의 틀을 볼 수 있을 것이다. 건축을 둘러싼 모든 것들과의 자연스러운 관계 맺기를 회복할 때 우리 삶의 터전은 좀 더 건강해질 수 있을 것이다. 이 관계 맺기의 회복은 우리 모두의 몫이다.

개심사 요사채 툇마루에 기둥에 기대어 잠깐 졸았다. 눈을 뜨니 다시 버스를 타러 가야 할 시간이다. 천천히 기지개를 켜고 왔던 길을 다시 걸어 내려간다. 3킬로미터는 길지만 짧기도 하다.

노출 콘크리트와 스플릿 블럭 ©최우용

노출 콘크리트에서 떠올리는
근대 건축의 역사

노출 콘크리트, 도시에 만개한 건축화花

도시에는 맨 살갗이 콘크리트인 건축물들이 많다. 맨 살갗의 콘크리트를 흔히 '노출 콘크리트'라고 부른다. 다른 말로는 '제물 치장 콘크리트'라고도 하는데, '제물'은 다른 것이 섞이지 않은 순수한 상태를 의미하는 것으로, 치장이 없는 순수한 콘크리트를 뜻한다. 영어로는 'exposed mass concrete'다. 말 그대로 '노출된 덩어리 콘크리트'를 의미한다.

20세기 초반, 콘크리트는 근대 건축의 전면에 부상한다. 콘크리트의 주재료는 시멘트다. 시멘트가 물을 만나면 밀가루 반죽처럼 질퍽거리는 시멘트 반죽cement paste이 되고 수화 반응*에 의해 경화된다. 나무 등으로 거푸집을 만들고 그 속에 시멘트 반죽과 골재 그리고 약간의 혼화재를 섞으면 그것이 콘크리트가 되는 것이다. 이 질 펵거리는 유동의 콘크리트는 거푸집의 형태로 굳어진다. 특히 라멘 구조 같은 기둥과 보가 일체식으로 연결되는 구조물 만들기에는 최적화된 재료다. 게다가 거푸집의 형태를 달리 하면 완성물의 조형적인 모양새도 달리할 수 있다. 콘크리트는 구조체로 만들기에 적합할 뿐 아니라 경제적이다. 게다가 가소성이 높아 조소적인 표현까지 용이하다.

르네상스 시대, 유럽의 건축가들은 피렌체에서 기원전·후에 살았던 로마시대의 건축가 비트루비우스와 그의 흔적을 발견해냈다. 비트루비우스가 남긴 『건축십서_De Architecture Libri Decem_』는 열 권으로 구성되어 있는데 그리스·로마의 건축을 집대성한 것으로, 인류에게 전해지는 최초의 건축학 논문이라고 할 수 있다. 비트루비우스와 그의 저술은 그리스와 로마 건축, 즉 고전_Classic_의 전형이 되어 르네상스 예술과 건축의 정신적·이론적 지침이 되었다.

르네상스 시대에 발견된 비트루비우스는 모더니즘에 의해 다시 한 번 발견된 듯하다. 르네상스가 발견했던 비트루비우스가 그리스와 로마의 건축, 그 인문적 지평에선 건축의 상징이었다면 모더니즘이 발견해낸 비트루비우스는 좀 더 선언적이었다. 2천 년 전, 비트루비우스는 다음과 같이 말했다.

---

* 水和反應, 시멘트가 물을 만나 화학 반응을 일으키는 현상

건축은 반드시 세 가지 본질을 갖추어야 한다. 견고함^{firmitas, 구조}과 유용성^{utilitas, 기능} 그리고 아름다움^{venustas, 미}이다.

구조와 기능과 미, 근대 건축가들은 콘크리트를 통해 이 건축의 '세 가지 본질'을 삼위일체 할 수 있는 가능성을 발견했다. 콘크리트는 구조가 되고 기능을 하면서도 심지어 아름다울 수도 있었던 것이다. 이후 아무런 껍데기를 입히지 않은 노출 콘크리트 건축물은 근대를 넘어서 현대를 아우르는 '모던함'의 아이콘이 되었다.

오늘의 건축가들은 노출 콘크리트에 대해 거의 선험적 호의를 갖고 있(는 듯 하)다. 노출 콘크리트는 미끈하고 군더더기 없이 아름다우며, 게다가 뼈대^{구조}와 살갗^{마감}이 일체화된 솔직한 방식의 건축이라는 관념적이고 추상적인 가치까지 획득하기에 이른다. 여기까지는 건축가들이 근현대 이후 노출 콘크리트에 투영시킨 고정된 시선(인 듯하)다.

노출 콘크리트 건축물은 도시에 건축화^{建築花}로 만개해 있다.

노출 콘크리트에 대한 짧은 세 가지 이야기

이야기 하나. 요시다 슈이치의 소설 『랜드마크』의 주인공 이누카이 요이치는 건축가다. 그러나 그의 아내 노리코는 건축가가 아니다. 두 사람이 건축물을 바라보는 시선은 같지 않다.

이누카이는 도쿄 인근 '오미야'라는 곳에 짓고 있는 오미야 스파이럴 빌딩을 설계했고, 또 현장 업무를 지원하고 있다. 외지 근무를 하다가 오랜만에 집에 들르지만 아내는 간데없다. 곧 이누카이는 집안 분위기가 낯선 것을 느낀다. 그리고 노출 콘크리트로 된 (이누카이가 느끼기에는) 세련된 거실에 걸려 있는 싸구려 모피 장식물 여러 점을 발견한다. 그가 걸어놓은 것이 아니다. 아내가 걸어놓은 것이다. 아내 노리코는 광물성 시멘트를 동물성 모피로 가려놓았다.

노리코는 노출 콘크리트가 공간의 질감을 건조하고 차갑게 만든다고 생각했다. 게다가 현장일로 바쁜(게다가 노리코는 모르지만, 실은 태연히 바람까지 피우고 있는) 건축가 남편의 무심함을 보여주는 듯해 노출 콘크리트만 보면 맹렬한 차가움을 느꼈다.

이야기 둘. 충남 당진군 정미면 승산리 160번지에 돌마루공소가

돌마루공소 주변은 죄다 논이고 밭이다. ©최우용

노란색 페인트가 칠해진 돌마루공소 © 최우용

있다. 주변은 죄다 논이고 밭이다. '공소'는 지역 신자들의 집회 공간으로 쓰이는 천주교 본당의 하위 단위교회를 말한다. 주임신부가 상주하지 않아 일반적인 형식의 미사가 집전되지 않으며, 공소에 적을 둔 교우 중 한 명이 공소회장을 맡아 신부 대신 공소예절을 행한다. 미사 집전이 이 공간의 주요 기능이 아니기에 매일 얼굴 맞대고 지내는 지역 교우들의 만남의 공간으로서의 의미가 더 클 것이다.

1994년, 건축가 승효상이 설계한 이 공소는 노출 콘크리트로 뼈대를 만들고 그 사이를 시멘트 블럭^{cement block: 시멘트로 만든 구조용 벽돌}으로 채워넣었다. 노출 콘크리트도 시멘트, 시멘트블럭은 당연히 시멘트, 시멘트의 빛은 무채無彩의 회색이니 이 공소는 온통 회색빛이다. 노출 콘크리트의 뼈대가 주는 선線적인 인상이 강렬하다. 그 사이를 채우고 있는 면面은 뼈대의 프레임에 의해 팽팽해지며, 노출 콘크리트 골격의 선을 더욱 도드라지게 한다.

노출 콘크리트에서 떠올리는 근대 건축의 역사

139

가가불이옥상. 옥상 파라펫을 타고 흘러내린 땟국물 자국이 선명하다. ⓒ 최우용

'노출 콘크리트'라는 재료와 공법은 승효상의 다른 건축물에서도
쉽게 발견된다. 모더니즘의 청교도적 윤리의식과 동양적 안빈낙도
에 집중하는 이 건축가에게 노출 콘크리트의 물성과 무성적 색채는
그의 '사유^{思惟}'† 를 '기호^{記號}'† 화 하기 적합한 재료일 것이다.

완공 후, 공소는 몇 번 옷을 갈아입었다. 몇 해 전 방문했을 때에
는 노란색 페인트가 칠해져 있었고, 최근 사진을 통해 봤을 때는 하

---

† 승효상의 책 『건축, 사유의 기호』의 제목

얀색 페인트가 칠해져 있었다. 논과 밭을 매일 대면하며 사는 이들의 생활 정서와 미의식은 그렇지 않은 사람들과 같을 수는 없다. 노출 콘크리트와 시멘트블럭 마감이 주는 정서는 그들에게 생경스럽고 낯설고 또 이물스러웠을 것이다. 그래서 그들은 그들에게 친근한 방식으로 건축물을 바꿔나가고 있다.

이야기 셋, 서울 강서구 등촌동 주택가에 '가가불이街家不二'가 있다. 다가구 주택이다. 다가구 주택은 여러多 가구家ㅁ가 모여 살지만 법적인 용도 구분은 단독 주택의 하위 단위로 분류된다. 그래서 다가구 주택은 단독 주택이다. 각 가구의 부동산적 가치는 각각의 가구에게 있지 아니하고 건축주 1인이 등기를 소유하고 각 가구를 임대한다. 다가구 주택의 소유권은 분할되지 아니하고 건축주의 총괄적 관리의 테두리로 귀속되기 때문에 가가불이는 아파트 같은 공동 주택처럼 분양보다는 건축주의 살림에 집중한다. 가가불이가 지금처럼 꼴 지워질 수 있었던 바탕에는 건축주가 추구하는 살림집에 대한 건강한 욕구와 건축가의 건축적 지향점이 일치했기 때문일 것이다.

1997년, 건축가 이일훈이 설계한 이 다가구 주택은 노출 콘크리트로 뼈대를 만들고 그 사이를 스플릿 블럭*으로 채워넣었다. 사용된 재료 모두 시멘트에서 기원한 재료들이다. 이 건축물 또한 온통 회색빛이다. 노출 콘크리트는 구조체이거나 단열이 필요치 않은 계단실, 난간벽 등에 한정되어 쓰였다. 단열이 필요한 곳에는 스플릿 블

---

* Split block, 마감재 사용을 목적으로 제작된 시멘트블럭의 일종

가가불이 전경 ©최우용

럭과 내부 마감재 사이에 단열재를 끼워넣어 처리했다. 노출 콘크리
트로 된 옥상 파라펫을 타고 흘러내린 땟국물 자국이 선명하다.

　이일훈은 가가불이에 노출 콘크리트 공법을 적용한 이유를 다음
과 같이 밝히고 있다.

　거울처럼 매끄러운 노출 콘크리트는 예산 탓에 아예 시도도 하지 않
았다. 유행하는 노출 콘크리트 마감이라고 오해하지 않기를 바란다. 또

한 아주 일반적인 목수의 기능 이외에 동원된 신기술은 없다.

노출 콘크리트는 별도로 마감을 하지 않지만, 미끈하고 깨끗해야 하므로 일반 콘크리트 공사보다 3~4배 정도 공사 비용이 많이 들어간다. 거푸집 안에 매끈함을 만들어줄 여러 장치들과 과정 때문이다. 일반적인 콘크리트 건축물은 별도로 마감재를 덧입히는데, 그래도 노출 콘크리트 공법이 돈이 더 든다. 한마디로 노출 콘크리트는 고가高價의 공법이다. 하지만 꼭 매끈하고 깔끔하지 않아도 된다면 공사 비용은 밑바닥으로 떨어진다. 이일훈은 또 말한다.

싼 재료로 집을 지을 때 예쁘게 지으려고 하지 마라. 예쁜 걸 좋아하다 보면 호화로운 것을 찾게 되고, 급기야 눈에 뭐가 씌웠는지 마음에 뭐가 씌웠는지 모르는 사이에 집에 황금 칠을 하게 된다. 금칠은 금빛 빼면 가짜이므로 그처럼 불쌍한 게 없다. 요란한 것, 치장된 것은 그저 콤플렉스를 드러낼 뿐 도대체 당당함이 없다.

집주인은 곰보 나고 땟국 흐르는 노출 콘크리트에 개의치 않고 지내고 있다.

나는 매끈한 노출 콘크리트에서 느껴지는 관능적 아름다움을 좋아한다. 그리고 노출 콘크리트를 보면서 그 콘크리트에 달라붙어 있는 근대 건축의 역사를 떠올린다.

하지만 내가 더욱 마음이 가는 것은, 무채의 노출 콘크리트에 노랗고 하얀 페인트를 칠하는 사람들의 행위—그들의 '기호^{嗜好}'로 삶의 즐거움을 '사유^{私有}'할 수 있는 현실 애착의 지혜이며,[*] 값싼 노출 콘크리트의 허름한 겉모습에 당당한 건축주의 덤덤함과 건축가의 용기다.

---

* 이 지점에서 건축은 '사유(思惟)의 기호(記號)'에서 '기호(嗜好)의 사유(私有)'로 전환된다.

3

소설가의 눈으로

: 건축, 개발의 뒤편에서

인천 만석동 괭이부리말, 아파트와 낮은 집 ⓒ최우용

난장이가 쏘아올린 작은 공
그리고 아파트 1

아파트에 달라붙는 음습한 욕망

아파트를 만드는 사람들은 주부 아이디어를 공모한다. 그런데 아파트는 내력벽 구조다. 기둥 없이 벽 자체가 힘을 받는 구조인 것이다. 따라서 아파트 벽은 고정불변해야 한다. 아파트 벽이 움직이면 아파트는 붕괴한다. 그러니 아파트의 모든 공간 역시 벽과 더불어 고정불변해야 한다. 벽을 움직일 여지가 없으니 민짜의 공간은 수십 층을 관통하며 동일한 공간 형태로 되어 있다. 주부들의 아이디어는 구조적으로 고정될 수밖에 없는 틀 안에서, 그리고 건설사들의 각본 안에서 연출되는데 그 대부분 수납을 위한 공간 짜내기에 집중되며 건축가들이 버려놓은 지하 주차장 공간 활용에 머문다.

결국 주부들의 아이디어는 민짜의 공간을 어쩌지는 못한 채, 세간을 수납하는 공간의 깊이만큼 만을 건들거나, 넘쳐나는 세간을 구겨 넣을 수 있는 창고 정도를 주차장 한쪽에 만들 뿐이다.

아파트를 팔아야 하는 이들의 창의적 기만과 아파트를 사야만 하는 이들의 삶에 대한 애착이 서글픈 애증으로 얽혀 있다. 이 정도나마 자신의 살림집에 애정을 갖는 것을 다행이라고 생각해야 하는지를 나는 잘 모르겠다. 다만 아파트를 팔아야 하고, 다만 아파트를 사야만 하는 사실에 진저리가 날 뿐이다.

도시에는 아파트가 지천이다. 오늘날 많은 도시인들의 집, 그 물리적 틀은 아파트로 수렴되고 있다. 아파트는 왜 이렇게 많은가? 많을 만하니까 많은 것인가? 그 이유를 찾다보면 근대화 초기 도시 빈민들의 아픔과 조금씩 아파트에 달라붙는 음습한 욕망들을 목격하게 된다.

강남몽夢, 정신적 가치가 거세되다

한국전쟁 이후, 삶은 궁핍했다. 그리고 본격적으로 등장하는 도시 빈민들을 수용하기 위해서 처음으로 '아파트'라는 주거 형태가 등장한다. 우리나라 아파트의 효시인 종암 아파트1958년를 비롯하여 몇몇의 아파트가 세워졌지만, 당시의 아파트는 지금처럼 호화롭지도 최신의 설비도 갖추고 있지 않았다. 최소한의 시설만 갖추고 있었을 뿐이었다. 게다가 '사람은 땅을 밟고 살아야 한다'는 전통적이고 보수적인 주거 문화 때문에 외면당한다. 이 와중에 아파트는 사람

강남 개발의 상징과도 같은 1990년대 초반의 반포 지역 ©뉴스뱅크

이 살 만한 곳이 못 된다는 생각을 굳히게 한 결정적인 사건이 터졌으니, 1970년 4월 30일 새벽 6시 즈음 '와우' 아파트가 무너져내린 것이다. '시민 아파트'란 캐치프레이즈를 걸고 서울시가 야심차게, 그러나 너무나도 부실하게 추진한 이 아파트는 '와우^{wow}'라는 탄식 속에 어이없이 사그라져버렸다.

하지만 신군부의 등장과 더불어 1970년대 말부터 한강 이남의 개발이 본격화되며 서울 구석구석에 건설의 광풍이 분다. 소설가 황석영의『강남몽』에는 이 당시 세워진 건축물이나 건설 과정 등에 대한 이야기가 들어 있다. 3장 '길 가는데 땅이 있다'에는 강남 개발이 권력 상층부의 인물들과 그 권력의 이권 중심부로 몰려드는 민간 개발업자들, 돈 냄새를 맡고 달려든 개인들에 의해 강남 개발이 얼마나 숨 가쁘게 이루어졌는지가 구체적이고 생동감 넘치게 묘사되어 있다. 불같은 한탕 개발은 서울의 물리적 크기를 확장시켰지만, 그에 못지않은 커다란 상처를 남긴다.

5장 '여기 사람 있어요'는 광주 대단지 사건을 그림 그리듯 보여준다. 용산과 청계천 등으로 몰려드는 도시 빈민들을 '처리'하기 위해 임시 거주지^{지금의 성남시}인 '광주 대단지'가 조성되고, 이곳에 '버려진' 도시 빈민들은 폭발하고 만다. '난동'이냐 '투쟁'이냐. 여전히 논란이 있지만, 이 사건이 정부의 무책임한 이주 정책과 급조된 지역 개발이 만들어낸 비극의 근현대사라는 사실은 분명하다.

1장 '백화점이 무너지다'는 강남 한복판에 있던 호화 백화점 '삼풍백화점 붕괴 사건'에 대한 이야기다. 막대한 인적·물적 피해와 더불어 온 국민에게 트라우마와 같은 정신적 충격을 안겨주었던 사건으로, 건축주의 탐욕과 건설사들의 무책임한 부실 시공이 만들어낸 참담하고 끔찍한 인재였다.

그런데 정말로 서글픈 것은, 이런 비극이 되풀이되는 슬픈 도시의 역사다. '청계고가'를 걷어내기 몇 해 전, 청계로에 기대어 살던 수천 명의 소상인들을 위해 시울시는 이주 계획[*]을 세웠다. 그런데 이

＊ 당시 이명박 전 시장에 의해 주도되었던 계획으로, '동남권 유통단지'를 건설하여 청계천 상인들을 이주하려는 계획으로 후임 시장인 오세훈 전 시장 때에 완성되었다. 현 '가든파이브'.

단지가 (과거 광주 대단지인) 성남시와 살을 맞대고 있는 서울시 장지동에 계획되었다는 점 그리고 예상과는 달리 엄청나게 불어난 입주 비용 때문에, 이를 감당할 능력이 없던 많은 청계천 상인들이 입주를 포기했다는 점은 광주 대단지 사건과 닮아 있다.* 정작 이곳으로 입주할 권리를 갖고 있었던, 청계천에 생계를 의탁해온 소상인들은 뜨거운 눈물을 삼켜야 했다. 허울 좋은 청계천과 '디자인 서울' 뒤에 소외된 이들의 상처는 쓰리기만 했다. 하물며 삼풍백화점이 무너진 그 자리에 20층이 넘는 주상복합 아파트가 들어선 장면은 비극을 넘어, 어떤 초현실적인 희극을 보는 듯하다. 야만과 천박 사이만을 오가는 이 비극적인 풍경을 누구의 탓이라고 해야 할까? 우리는 아직도 모든 정신적 가치가 거세된 개발 광풍의 시대를 살고 있다.

욕망이라는 중력의 중심에서

각설하고 다시 아파트 이야기로 돌아가자. 강남 건설 광풍의 시기에 지어진 대표적인 아파트가 (오늘날 재개발 광풍의 주역인) 역삼동 개나리 아파트[1979년]이고 대치동 은마 아파트[1979년]다. 아마 이 즈음부터가 아파트에 투기의 욕망이 달라붙기 시작한 때가 아닌가 한다. 주거를 위한 공간에서 재산 증식의 수단이 된 아파트의 굴절된 역

---

* 나는 당시 공사 현장 한복판 컨테이너박스에서 이 과정을 매일 목격했기 때문에 비교적 소상한 내용을 알고 있다

사를 돌아보기 위해 또 다른 소설을 뒤적여본다.

소설가 조세희의 『난장이가 쏘아올린 작은 공』은 1978년 출간 이후 100쇄, 100만 부가 넘게 발간된, 소설에서 유례를 찾기 힘든 초장기 스테디셀러 중 하나다. 그런데 이 사실을 소설의 문학적 성취라고 기뻐할 수만은 없는 것은, '부박한 속도전과 물량주의가 판치기' 시작하던 그때의 상황과 오늘날의 상황이 크게 다르지 않다는 사실을 판매부수가 반증해주고 있기 때문이다.

『난장이가 쏘아올린 작은 공』의 주인공은 난쟁이다. 그는 상수도 시설이 형편없던 1970년대에 수도꼭지를 고치며 생계를 잇는 정직하지만 가진 것이라고는 '절단기 · 멍키스패너 · 드라이버 · T자 · 줄톱' 등이 전부인 도시 빈민이다. 그는 근대화 · 산업화의 그늘 아래 소외되고 고통 받는 이들의 험난한 삶과 좌절을 몸으로 증명하고 있다. 그가 난쟁이인 이유는 성장의 기회를 박탈당한 소외된 도시 빈민들을 은유하고 있기 때문일 것이다. 작가는 난쟁이와 그 주변의 여러 사람들을 통해 근대화 · 산업화의 그늘 아래 소외되고 고통 받는 이들의 참담한 삶의 모습을 그리고 있다.*

---

* "조세희의 연작소설 『난장이가 쏘아올린 작은 공』은 우리 사회가 종래의 문학으로는 기술되기 어려운 '산업사회'라는 낯설고 새로운 질서 속으로 진입하고 있음을 날카롭게 고지해준 경보장치 같은 소설이다…중략…'난장이'와 그의 아들딸 등 2세대가 살아가야 하는 척박한 환경이 경제 사회 발전에 합당하게 개선되고 있는가, 그리고 그들이 지니고 있는 팬지꽃 · 기타 · 쑥독새 같은 최소한의 낭만적 삶에 대한 동경과 열망은 지켜질 수 있는가. 그것이 지켜질 수 없다면 누구에게 책임이 돌아오는가 하는 물음들을 작가는 목소리를 낮춰가며 집요하게 제기하고 있다."『제비는 푸른 하늘 다 구경하고』, 박래부

이 난쟁이의 조상들은 대대로 노비였다. 소설은 다짜고짜 '노奴, 사내종'와 '비婢, 계집종'가 '소생所生'을 매개로 무수히 반복되는 텍스트를 보여준다. 노비 문서! 아버지또는 어머니의 아버지, 또 그 아버지의 아버지까지 노비로 속박하는 그 문서가 근대화 바로 직전까지도 존재했다. 사람을 매매와 증여의 대상으로 삼는 행위가 법적인 보호를 받았던 때가 불과 50여 년 전의 일이다.

노비는 상속·매매·기증·공출의 대상일 뿐, 소유의 주체가 될 수 없다. 노비 자체가 소유물이기 때문이다. 천 년 동안이나 난장이의 조상들은 무엇을 가질 수 없는 '소유물'에 불과했다. 그러나 근대화의 시작과 더불어 난장이의 "할아버지의 아버지대에 노비제는 사라졌다." 드디어 난장이는 작고 허름하지만 자기 소유의 집 한 채를 갖게 된다(하지만 유감스럽게도 법률적 효력도 없고 보호도 받지 못하는 '철거 대상 건물'). 난장이가 그 보잘것없는, 망치질 몇 번으로 대번에 박살날 그 집을 짓기까지의 역사는 등장인물의 말처럼 어쩌면 천 년도 넘는 시간이 걸렸을지도 모를 일이다. 가늠조차도 안 되는 엄청난 시간이 흘러서야 그들은 자신이 쉴 곳을 마련할 수 있게 된 것이다.

그러나 근대화는 산업화와 함께 왔다. 근대화는 신분 해방의 세례를 베풀었으나 산업화는 또 다른 자본의 신분 체계를 만들기 시작했다. 가진 자들은 자본 증식을 위한 유용한 수단으로 아파트를 만들고, 팔고, 사들이고, 되팔고를 반복했다. 이 과정에서 도시 빈민들은 새로운 자본 신분 세계의 밑바닥으로 떨어진다. 아파트에 입주

할 자격을 얻었음에도 불구하고 난장이와 그의 가족들은 '딱지'를 지키지 못했다. 입주권을 지킬 여력이 없었던 것이다. 난장이와 그의 가족들은 헐값에 '아파트 거간꾼'에게 딱지를 팔아넘기고 절망의 나락으로 떨어진다. 난장이가 쏘아 올리려 했던 작은 공은 결국 떨어졌을 것이다. 욕망이라는 중력 때문일 것이며 그 중력을 발생시키는 중심에는 아파트가 있었다.

이 아파트 공화국의 역사에는 늘어나는 도시 빈민과 민간 자본을 통해 도시화의 기반을 '효과적'으로 닦고자 한 제도권의 음울한 사회적 배경이 뒤엉켜 있다. 우리가 너무나도 당연하게 생각하고 받아들이는 아파트는 태어날 때부터 비정함을 등에 업고 있었다.

이 비정함은 소설 속 먼 과거의 이야기가 아니다. 아파트를 향한 욕망이 우리를 어떻게 절망으로 몰아넣고 서로 반목케 했는지 궁금하면 '한국 독립다큐의 대부' 김동원 감독의 다큐멘터리*를 한번 보시라 권한다. 매우 가까운 과거의 기록들이다.

---

* 〈상계동 올림픽〉(1988), 〈벼랑에 선 도시 빈민〉(1990), 〈행당동 사람들〉(1994), 〈또 하나의 세상-행당동 사람들2〉(1999)

우리는 아직도 모든 정신적 가치가 거세된 개발 광풍의 시대를 살고 있다. ©연합뉴스

난장이가 쏘아올린 작은 공
그리고 아파트 2

얇고 납작한 민짜 공간의 누적

그렇다면 아파트에 달라붙어 있는 질곡의 역사를 다 걷어낸다고 한다면 오늘날 우리의 강산을 완벽하게 점령한 아파트 속의 삶은 행복한가? 아파트의 삶에 환상을 심어주는 광고문구가 넘쳐나고, 또 그 한편으로는 극단의 부정적 평가 또한 적지 않아 보인다. 하지만 소설가 김훈의 『자전거 여행』에 나오는 아파트에 대한 표현만큼 담담하면서도 단호하고 또 정확한 묘사는 없을 듯하다. 한 부분을 인용한다.

아파트에는 지붕이 없다. 남의 방바닥이 나의 천장이고 나의 방바닥이

남의 천장이다. 아무리 고층이라 하더라도 아파트는 기복을 포함한 입체가 아니다. 아파트는 평면의 누적일 뿐이다. 천장이고 방바닥이고 부엌 바닥이고 현관이고 간에 그저 동일한 평면을 연장한 민짜일 뿐이다. 얇고 납작하다. 그 민짜 평면은 공간에 대한 인간의 꿈이나 생활의 두께와 깊이를 받아들이지 않는다. 한 생애의 수고를 다 바치지 않으면 이런 집에서조차 살 수가 없다. 공간의 의미를 모두 박탈당한 이 밋밋한 평면 위에 누워서 안동 하회 마을이나 예안면 낮은 산자락 아래의 오래된 살림 집들을 생각하는 일은 즐겁고 또 서글프다.

납작하다! 이 한마디가 망치로 가슴 한켠을 쾅 하고 내리친다. 아파트 속의 삶은 이 한마디로 압축된다. 그렇다. 아파트에서 우리의 삶은 두께를 잃은 채 완벽하게 납작해진다. 아파트, 얼마나 단순하고 무료하고 기계적이며 또 공허한 공간인가?

이 납작한 삶은 우리가 살고 있는 아파트의 평면과 공간의 단순함에서 기인하지만, 그 기저에는 '합리성의 추구'라는 근대적 가치관이 깊이 스며들어 있다. 근대 이후 서구의 문화가 그러하듯이 근대화가 지상 목표였던 70~80년대, 권력은 합리성과 경제성에 모든 자리를 내어준다. 정량적으로 표시될 수 없는 많은 가치들, 예를 들어 형태 이외*의 정신적인 전통의 가치(앞서 말한 '사람은 땅을 밟고

---

* '형태 이외'라고 한정한 까닭은 한국 근대화 시대의 건축이 눈에 쉽게 띄는 형태적 모습에 주로 천착했기 때문이다. 즉 공간이나 정신 같은 내용미(內容美)보다는 처마나 기와 같은 조형적인 형태미(形態美)에 집착했던 탓이다. 이런 전통 건축의 형태에 대한 집착을 살펴보면 당시 권력의

인천 학익동, 아파트와 낮은 집.
오늘날 우리의 강산을 완벽하게 점령한 아파트 속의 삶은 행복한가? © 최우용

살아야 한다'라는 표현은 대지모 사상大地母 思想, 즉 '땅大地이 곧 어머니母'라는 전통적인 가치라고 할 수 있다) 같은 것들은 '비합리'라는 굴레를 짊어지고 어두운 구석으로 내몰린다. 그리고 그 자리에는 근대적 생산 시스템에 걸맞은 공간들이 들어차게 된다.

아파트 속의 파놉티콘들

이 근대적 삶에 안성맞춤이란 공간들은 대체로 이런 것들이다. 공장, 학교, 병원 그리고 정형화된 주거 공간인 기숙사 같은 것들 말이다. 그런데 이런 근대적 공간의 시초라고 할 만한 건축이 있는데, 원형감옥 즉 '파놉티콘Panopticon'이다. 미셸 푸코가 『감시와 처벌』에서 예리하게 파헤쳤듯이 감옥과 같은 근대적 공간의 최대 목적은 공간 안에 거주하는 사람들의 감시를 통한 훈육, 즉 소수자가 다수자들을 감시함으로써 궁극적으로는 다수자들이 그들 자신 스스로를 감시하게 만드는 자기통제다.

훈육! 파놉티콘이라는 일종의 감옥 양식을 창안한 것은 영국의 철학자이자 법학자인 제러미 벤담Jeremy Bentham이다. 그가 공리주의자였다는 사실은 우연이 아닐지 모른다. '최대 다수의 최대 행복'이라

상층부가 정통성에 대한 강박관념이 얼마나 심했는지, 또 그 발현이 얼마나 피상적인 수준에서 이루어졌는지를 짐작할 수 있다. 그 시절(정치적 의도에 의해 탄생된 프로퍼갠더propaganda적) 건축물들을 살펴보면 정통성(正統性)과 전통(傳統)이라는 양자 사이에서 힘겹게 줄타기를 하면서 표현이 용이한 표피적 특징들에 매달렸음을 확인할 수 있다. 정신적 가치가 빈약한, 거대한 기와지붕 박물관과 기념관이 그 시대에 그토록 많이 만들어진 배경에는 버리기 쉬운 정신과 선전하기 쉬운 껍질이라는 두 가지 이유가 맞물려 있다.

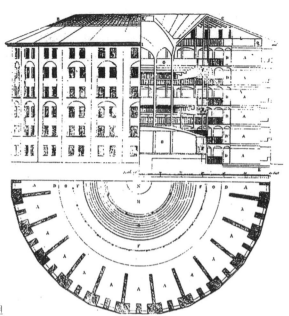

제러미 벤담의 파놉티콘 도면

는 말에서 알 수 있듯 벤담은 '이익' 사회를 지향했으며, 당연히 사회의 모든 목표는 '이익'에 집중되기 때문에 그에게는 '경제성'이 가장 중요했다. 경제성은 곧 효율성이고, 효율성은 비용을 최소화, 이익을 극대화함으로써 구현할 수 있는 것이다. 원형감옥이랄지 공장이나 학교랄지, 소수의 감시를 통해 수감자나 노동자, 학생들을 감시할 수 있는 것은 시각적 비대칭적 우위 다시 말해 교도관이나 감독관과 교사가 감시가 용이한 자리를 독점하여 장악하고 있기 때문이다.

　일방향적 감시를 통해 발생하는 결과물은 끔찍하다. 시각적 비대칭적 열세에 놓인 이들은 자신을 통제하는 타율을 내제화內製化한다.

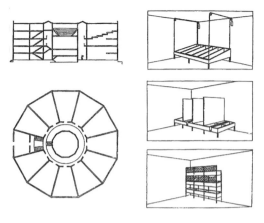

새뮤얼 벤담의 파놉티콘 거주모델

자기도 모르는 사이 스스로를 감시하고 감독하게 되는 것이다. 바
로 이 끔찍한 결과가 훈육의 최대 목표인 셈이다. 감시가 없어도 스
스로 통제해서 말 잘 듣는 고분고분한 근대적 인간을 '효과적, 경제
적'으로 만드는 것이다. 사람들이 사회의 질서나 권력의 흐름에 순
응하도록 내면화되면, 이견이 생기지 않거나 이견이 생겼을 때 발
생하는 사회적 비용을 감소시킬 수 있고 공공의 안전을 도모할 수
있으니 매우 효율적이고 경제적이라는 것이 벤담의 생각이었다. 그
래서 파놉티콘이라는 건축 형태는 그에게 유토피아나 다름없었다.
"벤담은 파놉티콘을 통해서 모든 사회 문제를 해결할 수 있다고 믿
었다. 나아가 그는 당대 사회를 완벽한 합리성에 기반을 둔 자본주
의로 재배열하여, 마치 만유인력으로 우주를 재구성한 뉴턴처럼 자
신의 신념에 따른 새로운 우주를 꿈꿨다."[†]

....

[†] 〈파놉티콘〉 서신수. 옮긴이의 해제 중에서

여기서 주목해볼 만한 사실은 아파트로 대표되는 우리나라의 주거 문화가 이런 근대적 사고에 의한 시설과 공간의 변형된 산물이라는 점이다. 실제로 벤담은 그의 논문 「파놉티콘-감시 시설, 특히 감옥에 대한 새로운 원리에 관한 논문」의 마지막 장인 11장 '새롭고 간단한 건축 아이디어'에서 파놉티콘의 원리를 공동 주택에도 유연하게 적용* 할 수 있다고 말했으며 그의 동생 새뮤얼 벤담[Samuel Bentham]은 파놉티콘 거주 모델을 직접 도면화하기도 했다.

아파트 단지의 차단기를 거치면서부터 주차를 하고 엘리베이터를 거쳐 현관에 이르기까지 우리는 CCTV의 감시를 벗어나지 못한다. 원형 형태의 중심에서 안에서만 보이는 커튼을 치고 감시하는 건축 평면 배치를 통한 파놉티콘이 CCTV라는 전자정보통신 시스템으로 대체된 것이다. 범죄 예방의 목적이 있다고 하지만 누군가 나를 보고 있다는 데에서 오는 심리적 불쾌감과 위축됨은 어쩔 수 없는 일이다. 오해를 살지도 모르는 일체의 행위(노약자를 돕는다든가 짐을 들어준다든가 하는)에 부담을 느끼게 된다. 근대화라는 힘겨운 고개를 넘으며 유럽의 초기 아파트들이 실패에 실패를 거듭하여 '아파트'라는 단어는 슬럼화 되어버린 주거지의 대명사**가 되었

---

* "파놉티콘의 원리는 감시와 경제성을 연해야 하는 거의 모든 시설에 성공적으로 적용할 수 있다. 그리고 반드시 이 '파놉티콘' 아이디어를 엄격하게 적용할 필요는 없다. 쇠창살을 제거할 수도 있고 많은 의사소통이 가능하게 할 수도 있으며 감시를 편안하게 하거나 불편하지 않게 할 수도 있다. 이 계획에 따라…중략…개폐가 가능한 다양한 공동주택에는 이 원리를 유연하게 적용할 수 있다." (이탤릭체 강조 : 글쓴이)

** 프랑스 인이 한국의 아파트를 심도 있게 연구한 책이 있다. 발레리 줄레조(Valerie

다. '근대화'라는 이름으로 행해진 부조리와 불합리가 눌러붙어 있는 아파트에 대한 거부감이 가장 큰 이유일 것이다.

아파트 현관 안의 삶 또한 훈육의 연속이다. 이 밋밋한 평면은 정형화된 행동 패턴을 만들어낸다. 돌발적 행위를 억제하기 위한 근대적 공간 개념의 연장이다. 이 무료한 민짜의 공간은 '비합리적인 감성의 소모'를 어렵게 하는 효과까지 발휘한다. 오직 베란다라는 공간만이 우리에게 조망을 허락할 뿐이나 이 역시 앞동 아파트의 뒤통수를 보거나('운 좋으면' 옷을 갈아입는 멋진 여성을 훔쳐보거나, '더' 운이 좋다면…… 음! 관음의 공간, 베란다) 놀이터에서 노는 자신의 아이들을 감시하는 것이 고작이다. 타인에게 피해를 주는 것은 당연히 삼가야겠지만 납작한 공간, 내 바닥이 다른 이의 천장이 되고 내 천장이 다른 이의 바닥이 되는 아파트에서는 숨죽여 생활할 수밖에 없다.

숨죽여 사는 삶은 다시 학교로 회사로 이어진다. 우리 아이들이 게임기에 중독되어 가상과 현실을 구분하지 못하는 이유 중 하나도

Gelezeaun)의 『아파트 공화국』에 나온, 한국의 아파트단지를 표현한 프랑스 번역어 '그렁떵성블 grand ensemble'에 대한 설명을 인용한다.
"그렁떵성블 : 1960~70년대 프랑스 대도시의 근린 지역에 건설된 대규모 건물군으로, 종종 '씨테'라고 불린다. 제2차 세계대전 이후 심각한 주택난을 해소하기 위해 ZUP(우선 시가화 지구)의 절차를 거쳐 지정된 토지 위에 급조됐다. 대개 이 건물들은 지방자치단체 소유의 주변 지역, 즉 도심이나 대로에서 멀리 떨어진 교외의 지역에 있다. 그러나 이들 지역의 빠른 쇠락으로 무기력하게 고립된 빈민층의 피난처가 되었다. 오늘날에는 높은 실업률을 보이는 청년들/일자리를 찾지 못한 청년층과 이민자들이 주로 살고 있다. 이들이 수시로 일으키는 사회 문제 때문에 '문제 지역' 혹은 '민감한 지역'이 되어 수년 전부터 도시 정책의 특별 대상으로 관리되고 있으나 큰 효과는 없는 것으로 보인다."

이런 납작한 공간에 있을지 모른다. 납작한 공간은 슬픈 공간이다.

아파트의 윤리

아파트의 슬픈 이야기는 여기서 그치지 않는다. 아파트는 80년대 후반부터 오늘날에 이르기까지 부동산 경제의 첨병 역할을 하며 부동산 거품을 키우는 최일선에 서 있다. 그러나 거품은 꺼지는 것이 순리. 이 거품이 사그라들 기미를 보이는 요즘, 무리하게 대출을 받아 아파트를 구입한 하우스 푸어들의 고통은 경제적 고통을 넘어 가정 붕괴로 이어지고 있다.[†]

또한 아파트의 몸체를 이루고 있는 콘크리트가 뿜어내는 6가크롬이나 포름알데히드 같은 독성 물질은 '아토피'라는 끔찍한 질병[††]을 일으킬 뿐만 아니라 암을 유발하기도 하고 체온에 영향을 미치기도 한다.[†††]

　이게 끝이 아니다. 전국 어디에나 지어지고 있는 초고층 아파트나 주상복합 아파트는 초법적인 건축물이다. 한 두 해 전까지만 해도 초고층 아파트나 주상복합 아파트는 초법적인 건축물이었다. 왜냐하면 우리 건축법에 '초고층건축물'에 대한 용어 자체에 대한 정의가 없었기 때문이다(2009년 12월 14일, 비로써 우리의 건축법은 '초고층'에 대한 정의를 내렸다). 해서 이 전에 세워진 초고층 아파트나 거

[†] 『하우스 푸어』, 김재영
[††] 『직선들의 대한민국』 중 아토피를 앓는 부유한 아이들, 우석훈
[†††] 〈환경스페셜-콘크리트, 생명을 위협하다〉 KBS 1TV, 2005. 3. 2 방송

아파트는 80년대 후반부터 오늘날에 이르기까지 부동산 경제의 첨병 역할을 하며 부동산 거품을 키우는 최일선에 서 있다. ⓒ연합뉴스

대 주상복합 아파트들은 그 엄청난 높이에도 불구하고 일반 건축물과 같은 법규를 적용받았다. 이것이 문제가 되는 것은 불이나 지진 등의 재난이 발생했을 때 피난과 구난이 거의 불가능하기 때문이다. 사람을 구할 때 쓰는 고가 사다리차의 높이는 보통 46미터^{일부 52미터}라고 한다. 아파트의 층고를 대략 3미터라고 할 때 인명구조의 최대 한계 높이는 20층 미만^{60미터}이다. 20층 위에 사는 사람들은 어떻게 할까? 헬리콥터! 그러나 "연소중인 건물의 옥상에서 헬리콥터를 이용한 영웅적인 구조는 할리우드 영화에나 나옴직한, 현실과 동떨

어진 환상일 뿐"[†]이다. 화재 시 발생하는 고열과 유독가스 탓에 헬기가 접근하여 착륙할 때까지 기다리다보면 모든 상황이 종료되어 있을 가능성이 크다.

또한 2006년부터 합법화된 발코니 확장법은 최후의 비상 탈출 공간이자 외기外氣와의 완충 공간마저 경제의 논리로 지워버렸다. 한 뼘의 공간마저 실내로 만들어 돈으로 환산하려는 욕망은 개인과 사회의 대단히 '합리적인' 합작의 결과다. 확장된 발코니는 실내 환경을 여름에는 덥고 겨울에는 춥게 한다. 이를 해결하기 위해서는 더 많은 에너지를 냉방과 난방에 쏟아부어야 한다.[††]

또 있다. 50미터 이상의 건축물은 풍하중-바람의 영향으로 1밀리미터 이상 항상 흔들리게 되어 있다(수백 미터 위에서는 몇 센티미터 이상). 그런데 이 흔들림이 임산부들에게 주는 영향이 충격적이다. 임산부의 뇌는 극히 적은 흔들림에도 아주 민감하게 반응하므로, 임산부는 무의식중에 스트레스를 받는다. 일본 도카이대학 의학부의 실험 결과에 따르면 거주 공간의 수직 높이가 올라갈수록 이상분만율, 조산율, 유산율, 거주 연수에 따른 유산율 또한 비례해서 증가한다. 도쿄대학 의과대학 발달의학과의 실험결과에 따르면 고층

[†] 『미국 인명 안전코드(Life Safety Code Handbook)』, NFPA(National Fire Protection Association)
원문: "……Heroic helicopter rescues from rooftops of burning buildings are Hollywood movie illusions that seldom happen in real life."
[††] 「천문학적인 에너지가 새나가는 발코니 확장」학술논문, 설비저널 제34권 제12호, 홍희기

건축물에 사는 아이들일수록 생활습관의 자립도가 낮다. 다시 말해 인사를 하거나 신발을 신고 옷을 입거나 또는 뒷정리 하는 등의 행동에 장애를 겪게 된다는 것이다. 끔찍한 결과다.[†]이 정도면 윤리의 문제에 해당한다. 이런 아파트는 비윤리적 공간이다.

삭막한 아파트에 보내는 날카로운 회의의 눈빛

지금 나는 아파트에 완벽하게 적응해서 살고 있다. 그러나 시간을 돌이켜 유년의 시절, 조그만 마당 딸린 집의 기억을 더듬어보면 그때의 어린 나의 낮과 밤은 납작하지 않고 두께가 있었다. 우선 반지하 1층에 창고가 있었고 지상 1층에 주거 공간이 있었다. 물리적으로도 확실히 두께가 있었다. 현관 옆에는 작은 장독대가 있었고, 그 옆에는 작은 문간채도 있었다. 할아버지와 할머니, 아버지와 어머니, 그리고 나와 누나가 살았고, 문간채에는 우리 부모님보다 조금 젊었던 부부가 살았던 듯하다. 내가 쿵쾅거리며 뛰어 놀아도 따지러 올라오는 아래층 사람이 없었고, 1층과 지하 1층을 오르락내리락할 때마다 눈높이가 변하며 들어오는 집 안과 담 밖의 풍경은 입체적이었다. 심리적 · 정서적으로도 평면적이지 않았다. 그 질감과 두께가 그리울 때가 많다.

내가 말하고 싶은 것은 우리가 살아가는 공간에 대한 부동산적 가치의 욕망, 그리고 무조건적인 적응에서 조금만 멀리 떨어져 생

[†] 「환경스페셜-초고층 아파트, 대안인가 재앙인가」 KBS 1TV, 2008. 4. 23 방송

각해보면 삶의 질도 약간은 올라갈 것이라는 거다. 하지만 어려워 보인다. 어느덧 우리 주거는 아파트에 의지되고 또 유지되고 있기 때문이다. 다시 말해서 '아파트 말고는 살 수^{purchase}도 없고 살 곳^{residence}도 없다'는 것이다.

자본의 권력과 우리의 욕망이 만들어낸 아파트 숲 속에서 건전하게 땅에 붙어 있는 낮은 집들이 그리 많아 보이지 않는다. 그나마 서민들이 구입할 수 있는 낮은 집, 조금 더 아량을 베풀면 서로를 알고 지내고 계단으로 오르락내리락할 수 있는 다세대 또는 다가구 주택들은 흔히 말하는 역세권에 포함되지 않아서 현대인들에게 다소 불편하다. 또한 이제는 사람들이 당연하다고 여기는 편의시설들의 혜택을 그런 낮은 집들과 그런 낮은 집들이 있는 동네는 상대적으로 박하게 받고 있는 것도 사실이다. 그런 이유로 아파트 문제에 대한 해결을 개인들에게만 희망을 거는 것은 부당하고 또 힘겨워 보인다.

그러나 손을 놓을 수는 없다. 수요가 공급을 지배하는 것을 넘어서 공급이 수요를 쏟아내는 것이 오늘날의 소비 사회다. 그리고 소비 자본주의 사회에서 살아갈 수밖에 없는 것이, 마치 밥을 먹어야 살 수 있는 것처럼이나 당연한 현실이기에 삶의 공간을 향한 건전한 소비의 욕구가 우선해야만 우리는 달라질 수 있다. 재산 증식의 대상으로 주거 공간을 바라보지 않을 때, 삶의 공간은 사는 문제(교환 가치)에서 사는 문제(거주 가치)로 전환되기 시작할 것이다. 삭막한 아파트에 날카로운 회의의 눈빛을 계속해서 보내는 것도 필요하다. 내 삶의 가치를 평가하는 사람은 다른 아무도 아닌 바로 '나'라는 것을 오만한 아파트 장사꾼들에게 이야기해야 한다. 아파트가 들어서면 도시가 숨을 쉰다는 기가 차는 기만과 맹랑한 허구를 맹렬히 비웃어주어야 한다.

당장에 바꿀 수 없더라도 주저앉아 있을 수는 없다. 진보적 지성 노암 촘스키가 말했듯이 작은 것이라도 시작하고 실천하는 것은 의미 있는 일이다. 앨버트 허시먼이 지적했듯 보수의 수사학 안에서 허무해할 수만은 없다. 우리는 왜곡된 삶의 터전을 바꿀 수 있는 능력이 있고 또 바꿔야만 살림살이의 깊이를 받아낼 수 있을 것이다. 주거와 삶의 질에 대한 생각을 바꾸는 것, 이것이 우리의 훈육되는 딱딱하고 납작한 삶을 바꾸는 시작이 될 것이다.

당장에 바꿀 수 없더라도 주저앉아 있을 수만은 없다. 다른 생각의 씨앗이 다른 삶의 줄기와 가지를 만들어낼 것이다. 그 씨앗이면 시작은 충분하다.

공부방의 전면은 건축적 욕망의 장이기보다 자신들의 공간을 꾸미는 아이들의 애정으로 충만하다. ⓒ최우용

괭이부리말에 스며든 집,
기찻길 옆 공부방

삼국사기, 파이란, 고양이를 부탁해
그리고 괭이부리말 아이들

인천은 오래된 동네다. 주몽의 아들 비류는 오늘의 인천, 당시의 미추홀에 나라를 세웠다. 그러나 미추홀은 땅이 습하고 물이 짜서 살기에 좋은 곳이 아님이 곧 드러났다. 비류는 동생인 온조가 위례성에 터를 잡고 다른 사람들과 편하게 사는 것을 보고는 자신의 선택을 부끄러워하며 시름시름 앓다가 죽어갔다. 『삼국사기』에 기록된 최초의 인천은 습하고 물이 짠 곳이었다. 서해 바다에 접해 있기 때문에 염습鹽濕의 피해는 인천의 지리적 운명이었다. 그러나 인천은 바다로 열려 있기에 개항 도시의 근대적 흔적을 갖게 되었다. 그래서 외부 세력의 들고남의 흔적이 인천의 정체성이 되었다. 이런 역사로 땅이 습하고 물이 짠 인천의 개화기 이전까지의 흔적은 희미하며 개화기 이후의 근대적 도시와 건축의 흔적은 비교적 선명히 남아 있다. 용적률과 현대화 또는 개발의 맹종에서 비껴나간 것이 행운인지 불행인지 모를 인천 중구와 동구 곳곳에는 그래서 가난하고 남루한, 시간이 찌들어 있는 건축물과 골목길이 남아 있다.

영화 〈파이란〉의 주인공은 밑바닥 삶에서 허우적거리는 삼류 깡패 강재다. 강재의 비루한 삶이 펼쳐지는 남루한 공간은 인천 중구와 동구 일대다. 그는 지역 토착 건달패에서 잔뼈가 굵었으나 그저 잔뼈만 굵을 뿐 통뼈 같은 삶을 살아본 적이 없다. 저만치 아래, 뵈지도 않는 후배한테 무시를 당하고 순간적으로 분통을 터트리기도 하지만 강재는 또 태연히 꾸역꾸역 하루를 살아간다. 강재의 삶은 수십 년 전이나 지금이나 별 차이가 없는 인천 중구와 동구의 모습과 닮아 있다.

영화 〈고양이를 부탁해〉는 여고생 다섯 명의 미지근한 성장통에 대한 이야기다. 이들 청춘의 삶을 받아내는 공간은 인천 중구와 동구 일대다. 서울과 성공을 동경하는 소녀와 불가능한 유학을 꿈꾸는 가난한 소녀가 있다. 그리고 이 둘 사이의 갈등을 지켜보는, 영화의 전체적인 서사를 이끌어가는 소녀가 등장한다. 나머지 둘은 화교華僑 부모 아래 태어난 일란성 쌍둥이 비류와 온조다. 인천 중구 북선동과 선린동 일대의 차이나타운에 쌍둥이 소녀들의 집이 있는데 다섯 소녀들의 아지트기도 하다. 이곳에서 이들은 술도 마시고 담

배도 피우고 소녀다운 성적 판타지에 대해서도 이야기한다. 높은 빌딩에서 일하는 소녀와 낮은 판잣집에 사는 소녀는 대립한다. 가난한 소녀는 서울을 동경하는 소녀에게 고양이를 부탁한다. 이것은 영화의 시작이며 동시에 갈등의 시작이다. 판잣집의 가난은 작은 고양이마저 부담스럽다. 이 가난한 소녀가 사는 곳은 동구 만석동 '괭이부리말'로 불리는 곳이다.

소설 『괭이부리말 아이들』의 배경은 시간이 멈춘 듯한 퇴락한 달동네, 인천 동구 만석동이다. 작가 김중미는 인천에서 나고 자랐고, 만석동 근처에서 아이들을 가르쳤다. 그래서 그녀의 이야기는 체험에 바탕을 둔 밀도 높은 현실의 관찰에서 비롯된다.

오래전, 만석동은 갯벌이었다. 갯벌 근처의 바닷가에는 작은 섬이 있었는데, 그 섬의 산부리가 고양이[괭이]를 닮았다고 해서 '괭이부리말'로 불리게 되었다. 개항 후 밀려드는 외국인들이 인천의 살기 좋은 땅을 속속 집어삼키자 삶의 터전을 잃은 철거민들은 괭이부리말로 몰려났다. 이렇게 도시 빈민촌의 역사는 시작되었다.

이후 한국전쟁을 겪으며 괭이부리말은 가난한 피란민들의 터전이 되었다. 사람들은 '굴 껍데기로 터를 다지고, 돈이 벌리는 대로 시멘트도 사고 나무도 사서 조금씩 집을 지었다. 그렇게 지은 집들은 40년이 지난 지금까지도 무너지지 않고 남아 가난한 사람들의 보금자리가 되었다.'[†] 조세희는 『난장이가 쏘아올린 작은 공』을 집

....

† 김중미, 『괭이부리말 아이들』

필하기 위해 이곳 만석동 일대를 취재하기도 했다.

달동네와 골목길

건축가들이 달동네와 골목길을 바라보는 시선에는 저마다 차이가 있다. 그런데, 말하기 불편한 사실은 일부 (어쩌면 많은) 건축가들이 이곳을 '미적 대상'으로 보는 경향이 다분하다는 사실이다. 문학평론가 김윤식은 에드워드 사이드의 『오리엔탈리즘』을 요약*하며 말하기를, 보이는 것 자체를 보지 않고 보고 싶은 것만 보는 것, 상대를 '타자'로 보는 것이 아니라 '미적 대상'으로 보는 것이라고 했다. 일부 건축가들은 이 시선으로 달동네와 골목길을 바라본다. 그들에게 달동네와 골목길 그리고 그곳에 사는 사람들은 그들(사회적으로 '성공한' 엘리트주의적 건축가들)과 대칭적인, 그러니까 대등한 존재인 '타자'가 아니다. 그들은 그들 스스로가 감당할 가난이 아니기에 '타자'의 '삶'을 들여다보기에 앞서 달동네와 골목길이 만들어내는 물리적·형태적인 특이성에 주목한다.

  이들이 주목하는 물리적·형태적인 특이성이란 대략 달동네와 골목길이 자연스럽게 만들어낸 불명료한 형태, 그리고 그런 형태를

---

* "……제국주의자들은 자기들이 보고 싶은 것만 보고자 하였지 보이는 것 자체를 본 것은 아니었다. 보고 싶은 것은 무엇이었을까. 미적 대상이 그 정답. 동양(식민지)을 '타자'로 본 것이 아니라 '미적 대상'으로 보고자 했다…(중략)…타자란 무엇인가. '나'와 모든 면에서 대등한 존재의 다른 명칭이 아닐 수 없다. 이를 두고 대칭적이라 한다. 이에 비할 때, 제국주의자들이 식민지를 바라보는 시선은 어떠한가. 바로 비대칭적이다. 타자로 보지 않기에 그것은 그러하다…(중략)…그것들은 미적 대상이되 타자가 아니었다……" 『김윤식 문학기행』 중 「아이러니로서의 포도주」, 김윤식

모진 가난의 최접점에서 선택의 여지는 없었다.
가장 값싼 재료들을 그러모아 최선의 기술을 동원하여 최소한의 공간을 만들 뿐이었다.

이루고 있는 구조의 구축적인 특성, 그리고 자유분방하게 널려지고
입혀진 색채 등이다. 이런 시선 속에서 달동네와 골목길은 '언캐니
^{uncanny}한', '미적 대상'으로 치환된다. 달동네와 골목길이 그리스의
산토리니를 닮았다든지, 아귀다툼하는 삶의 모습이 있어 아름답다
는 건축가들의 말은 맞는 말이지만 틀린 말이다. 산토리니의 지중
해적 감성에 달동네와 골목길의 조형성을 대입하는 시선 속에 그곳
에서의 지난한 삶은 증발되어 있으며, 아귀다툼의 삶 속에서 살아
가는 사람들에게 달동네와 골목길은 미적 아름다움을 개입시킬 대
상이 아니기 때문이다.

괭이부리말에 스며든 집, 기찻길 옆 공부방

괭이부리말, 이 가난한 동네는 하늘을 찌를 듯 높은 아파트들이 세워지는 오늘날에도 수십 년의 모습이 그대로인 저층의 회색 판잣집들로 가득 차 있다. 이 동네에는 화장실 없는 집들이 많다. 언뜻 이해가 되지 않지만 정말로 화장실이 없어 공동 화장실을 사용한다. 그래서 치질약을 전문으로 파는 '치질약국'이 있다. 이 약국의 이름이 괭이부리말 집들의 살림 형편을 말해준다.

만석동의 판잣집에는 잉여와 과장이 개입할 여지가 없었다. 모진 가난의 최접점에서 그들은 선택의 여지가 없었다. 가장 값싼 재료들을 그러모아 자신들이 가진 최선의 기술을 동원하여 최소한의 공간을 만들 뿐이었다. 어쩔 수 없이 먹어야 살 수 있는 밥처럼 어쩔 수 없이 잠을 자야 하는 집일 뿐이었다. 그래서 용적률과 현대화, 개발이라는 용어가 만들어낸 집들은 오히려 이 순전한 판잣집 앞에서 초라해진다. 사야 하는 집과 살아야 하는 집에 투영되는 살림살이에 대한 간절한 의지에서 전자는 후자와 비교 대상이 될 수 없기 때문이다. 그래서 괭이부리말의 판잣집들은 겨우 숨을 내쉴 정도의 공간에서도 서로의 존재를 끌어안으며 적응과 순응 그리고 양보가 어떤 것인지를 그 존재 자체로 보여주고 있다.

기찻길 옆 공부방

이 동네 안에는 아이들이 공부하는 곳인 '기찻길 옆 공부방'이 있다. 건축가 이일훈이 1998년에 설계한 45평^{약 149제곱미터}짜리 작은 건축물이다. 공부방 옆에는 동인천역과 인천역을 잇는 경인선의 끝자락이 지나고 있는데, 공부방의 이름은 아마 여기서 유래했을 것이다. 문학적 정취가 풍기는 이름과는 다르게 이 공부방은 판잣집들과 같은 회색으로 주변에 파묻혀 있다. 굳이 알려주지 않으면 찾기 어려운 이 건축물은 그래서 '작품'인 양 할 수 없다. 사실 건축가와 건축주에게는 '작품'인 양 할 필요가 없는 건축물이며, 비평가들에게는 일반적인 '건축적 관점'으로의 '비평'이 힘겨운 건축물일 것이다. 그러나 이 공부방은 싸구려 정신으로 조악하게 만든 네모난 상자곽이 아니다.

이일훈은 이 극도로 옹색한 골목길을 껴안거나 품고 갈 수 있는 건축물을 이야기한다. '기찻길 옆 공부방'은 제한된 저예산으로 그 허름한 동네에 녹아들고 또 침투하는 값싼 건축물을 목표로 만들어졌다. 이 공부방은 마치 삼투압 된 것처럼 괭이부리말에 빨려들어간 듯 보인다.

괭이부리말의 미로 같은 골목길을 걷다보면 기찻길옆 공부방에 이른다. 이 공부방의 정면은 아이들의 그림으로 채워져 있다. 벽면이 커다란 그림판이 되어 아이들의 알록달록한 그림을 받아내고 있다. 아이들의 건강한 발랄함을 뿜어내고 있는 벽의 모습은 아름답다. 건축가들은 건축물의 입면 중 정면을 특히 '파사드^{facade}'라고 하여 가장 귀하게 여기는데 건축물의 인상을 결정하는 데 가장 크게 영향을 미치기 때문이다. 그럼에도 불구하고, 공부방의 정면은 건축적 욕망의 장이기보다 자신들의 공간을 꾸미는 아이들의 애정으로 넘쳐난다.

건축가는 내 자리로 넘어온 남의 옆구리를 품었다. ©최우용

공부방이 놓인 대지는 주어진 조건이었다. 건축가는 인접한 다른 집들과의 관계를 고려하여 배치의 큰 틀을 정했을 것이다. 그런데 공부방 2층으로 오르는 외부 계단의 일부가 옆집에 파묻힌 형국이다. 지적도를 확인해볼 필요도 없이 공부방 옆에 있던 집이 남의 땅에 '불법(만석동 '쪽방촌'의 전체 건물 338개 동의 68퍼센트인 229개 동이 무허가 건물이다)'적으로 이미 자리를 차지하고 있었던 것이 분명하다. 하지만 건축가는 이 집의 옆구리를 헐어내지 않았다. 건축가와 공부방을 사용하게 될 건축주는 자기 자리를 태연히 넘어와 있는 남의 집 옆구리를 껴안았다.

이 공부방은 저가低價의 노출 콘크리트와 값싼 시멘트 블록으로 만들어졌다. 이 공부방에서 반복되는 건축가의 동일한 재료와 공법의 선택은 매너리즘이라고 할 수 있는 성질의 것이 아닐 듯싶다. 싸게 집을 만들어야 하는 조건과 겉모습에 개의치 않는 건축가의 당당함으로 이 집이 만들어졌기 때문이다. 그리고 허영과 허세에 익숙하지 않은 괭이부리말 사람들의 덤덤함과 현명함 그리고 주변의 남루한 집들과 어울리고 함께 하고자 했던 건축주의 마음에서 이 집의 아름다움은 완성되고 있다.

나는 사실 '기찻길 옆 공부방' 안에 들어가보지를 못했다. 학생 때 견학하고 싶은 뜻을 건축주에게 어설프게 전했지만 정중한 거절을 받았다. 그래서 만석동과 공부방 근처를 몇 번 얼쩡거렸을 뿐이다. 그런 이유로 나는 공부방 안의 평면의 짜임새에 대해서 말할 수 있는 입장이 아니며, 매체를 통해서만 봤던 공부방 옥상 기도방과 마당의 아름다움도 직접 경험한 게 아니라서 제대로 설명할 수 없다. 그런데 거짓말처럼 나는 공부방 안을 들어가는 꿈을 꾼 적이 있다. 꿈에서 나는 징검다리 계단을 껑충껑충 뛰어다녔고, 옥상에 올라가 파란 하늘에 걸려 있는 하얀 달도 보았으며, 아이들과 함께 책을 보며 놀았다. 꿈 속 공부방과 실제 공부방의 모습에는 큰 차이가 있겠지만, 그 꿈을 만들어낸 나의 무의식과 그 공부방을 만든 건축가와 그 공부방을 짓도록 의뢰한 건축주의 의식은 크게 다르지 않을 것이다.

얼마 전 인천시는 괭이부리말의 재개발을 발표했다. 일시에 모든 것을 영점으로 만들어버리고 벼락처럼 새롭고 큰 것을 만드는 재개발이 아니라 괭이부리말 원주민의 100퍼센트 정착을 목표로 하는 실험적 재개발이라고 한다. 다행한 일이다.

인천시 주거환경정비팀장은 "기존의 재개발 방식은 마을 정체성을 버리고, 사업성이 낮을 경우 원주민을 내보내는 방식이어서 주민들 사이에 갈등을 심화시켰다. 앞으로는 마을 공동체를 복원하고 원주민이 재정착하는 방향으로 재개발을 추진하여야 한다"고 말했다.

재개발 소식을 알리는 한 일간지의 인터뷰에 실린 내용이다.
누구를 위한 개발인가? 또 누구를 위한 재개발인가? 인간의 삶을 받아내는 집과 공동체는 어떤 모습이어야 하는가? 식상한 질문들이다. 어쩌면 100년 가까이, 어쩌면 인류 계급 역사만큼이나 오래된, 줄기차게 되풀이되고 있으나 답하기 힘겨운 질문이기도 하다. 그래서인지 아니면 어떤 이유에서인지 이 질문에 답을 구하는 이들은 많지 않다. 요동치는 아파트 값에 울고 웃어야 하는 하우스 푸어들은 가련하다. 무엇을 왜 짓는지 물을 수 없는 무기력한 건축가들도 애처롭다.

'어떻게 지을 것인가'의 문제에 앞서 '왜 짓는가'를 물을 수 있는 건축가를 나는 '기찻길 옆 공부방'에서 보았다. 고마웠다.

랜드마크는 추상적인 두께와 시간을 포함하는 개념이다. ©연합뉴스

랜드마크를 끝도 없이
만들어내는 도시

기만 – 도시 속의 랜드마크

"내가 그의 이름을 불러주기 전에는 그는 다만 하나의 몸짓에 지나지 않았다. 내가 그의 이름을 불러주었을 때 그는 나에게로 와서 꽃이 되었다." 시인 김춘수의 '꽃'은 그 스스로 꽃이기 때문에 꽃이 아니다. 누군가 꽃으로 불러주었기 때문에 꽃이다. 여기서부터 랜드마크 이야기를 시작해보자.

랜드마크-landmark는 영어인데. 애플-apple은 사과다, 이렇게 단박에 대입할 수 있는 우리말 단어는 마땅치 않다. 그래서 풀어서 설명을 하면 조금 이해가 수월하다. 랜드마크의 어원은 탐험가들이나 여행가들이 길을 찾거나 방향을 설정할 때 참고할 수 있는 특징

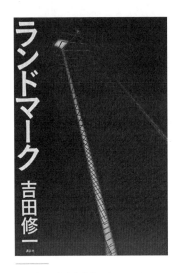

적인 지형적 표식^{land-mark}을 뜻한다. 오늘날에는 좀 더 다양한 의미로 쓰이고 있는데 기념물이나 건축물, 구조물 등이 특정 지역을 상징적으로 대표할 때 그러한 것들을 '랜드마크'라고 한다. 그런데 '상징'하는 것, '대표'하는 것이라는 의미는 누구에 의해서, 또 어떻게 부여되는가?

도시 계획자 케빈 린치^{kevin lynch}에 의하면, 랜드마크는 도시의 이미지를 대표하는 특이성 있는 시설이나 건물로 물리적이고 가시적인 시설물뿐만 아니라 개념적이고 역사적인 추상적 공간도 될 수 있다. 사람은 도시의 각 부분을 상호 관련시키면서 각자의 정신적 이미지를 환경으로부터 만들어낸다. 즉 도시의 물리적인 현실^{환경}로부터 사람이 축출해낸 그림이 바로 도시의 이미지이고, 그러한 것들 중 특징적인 몇몇 이미지들이 도시의 '랜드마크'라는 지위를 부여받는다.

케빈 린치는 랜드마크에 대해 정의를 내리며, 랜드마크의 형성과 과정을 설명한다. 랜드마크는 고정된 것이 아니며 특이성이 있는 가시적·비가시적 실체여야 하는데 그러기 위해서는 의미가 투과되고 걸러질 수 있을 만큼의 시간이 필요하다. 따라서 도시의 랜드마크는 그 스스로 랜드마크라고 외친다고 되는 것이 아니라, 시간의 검증을 통과하여 사람들이 그렇게 불러줘야 랜드마크가 되는 것이다. 그러니까 랜드마크는 만든 사람의 의지가 개입된다고 성립되는 것이 아니라 만들어지고 난 후 사람들의 정서에 의해 걸러지고 시간의 검증을 통해 상징적으로 대표되는 의미를 부여 받으면 그때 랜드마크가 되는 것이다. 파리의 에펠탑도, 시드니의 오페라 하우스도, 서울의 남대문도 두터운 시간의 층위를 갖고 있다. 랜드마크는 추상적인 두께와 시간을 포함하는 개념이다.

그런데 명확하고도 단순한 이 사실을 외면하는 사람들이 많다. 랜드마크를 조급스럽게 갈망하는 이들은 주로 가시적 특이성에 달려든다. 눈에 보이면서 특이하면 랜드마크라고 하는 것인데, 그래서 그들에게 눈에 보이지 않는 것은 고려의 대상이 되기에는 부족하며 시간의 누적을 견딜 만한 인내심은 부족하다. 그래서 일반적으로 랜드마크에 집착하는 이들의 행동은 다급하고 또 경솔하며 무례하다.

이 랜드마크의 가시적 특이성에 집착하는 이들은 그것이 눈에 잘 보이기 때문에 그러는 경우가 대부분이다. 일반적으로 대한민국 건국 후에 일관되게 추진되었던 도시 개발은 이 가시적 특이성에 집착하는 랜드마크 만들기의 연속이었다. "한국 정치인의 미학적 특징은 시멘트만 보면 환장할 정도로 좋아하고, 그것이 바로 '민족의 융성'이라고 생각한다는 것인데, 옆에서 관찰하면 미학적 엑스터시를 느낀다고 생각될 정도다"[†]. 그래서 대한민국 곳곳은 '민족의 융성'을 선전하기 위한 위장된 랜드마크로 뒤덮이고 있다. 대한민국

[†] 『직선들의 대한민국』, 우석훈

랜드마크 만들기 집착은 박정희 정권부터 여태 단 한 번도 재고되고 폐기된 적이 없는 강력한 '민족 융성'의 증거였다. 신화 같은 가난을 일상으로 견뎌내던 우리 할아버지 할머니 세대는 가난을 덮어주는 민족 융성의 시멘트의 엄정함과 크기에 경외감과 숭고함을 느끼게끔 강요받았다. 만든 사람들의 과장과 조급함과 욕심 때문이었다. 그러나 시간은 흐르고 생각도 흐른다.

시멘트 밑바닥 배관을 통해 기신기신 흘러가는 청계천은 철저히 인공이다. 전기 공급이 중단되면 사망하는 계천은 자연이 아니다. 생태, 친환경, 친수 공간의 현란한 수사를 바친 그곳 주변에서 이뤄지는 비극적인 환경의 파괴는 반반한 화장술에 가려져 있고, 위선적인 개발로 삶의 터전을 빼앗긴 나약한 서민들의 절망과 슬픔은 또 빤한 랜드마크의 선전에 가려지고 있다. 토건 중심의 랜드마크 선동을 학습한 어느 서울 시장은 좀 더 세련된 기만을 구사했다. '디자인'이라는 가식적인 문화 기만을 덧칠해 보지만 눈에 보이는 덩어리에만 눈이 멀어 있으니 서울은 일그러진 랜드마크로 피칠갑을 한 꼴이다. 그의 시정에서 무수히 언급되었던 '랜드마크' 중에 진정한 랜드마크는 단 하나도 없었다. 랜드마크가 만들어질 시간도 없었고, 랜드마크를 만들 의지도, 능력도 없었다.

허무 – 소설 속의 랜드마크

요시다 슈이치의 소설 『랜드마크』에 등장하는 오미야 스파이럴 빌딩은 도쿄 인근 오미야에 세워지고 있는 나선형의 마천루다. 이 책의 주인공 건축가 이누카이는 아내와 무던히 지내지만 소통하지 않으며, 무던히 지내는 애인과도 소통하지 않는다. 또 다른 주인공인 현장인부 하야토는 남성용 스테인리스 정조대를 입고 있지만 그에게 관심도 없고 소통하지 않는 동료들은 그런 사실을 알지 못한다. 하야토 또한 여자 친구가 있고, 무던히 잘 지내지만 그녀와 소통하지 않는다.

오미야 스파이럴 빌딩은 외부 벽체^{튜브tube}의 강한 피막으로 자립하며 횡력에 저항하는 튜브 구조$^{tube\ structure}$다. 내부에 기둥을 없애고 외부 벽체만으로 수평 하중을 감당하는데, 내부 평면이 넓으면 외부 벽체만으로는 하중을 감당할 수 없으므로 중앙 벽체$^{센터\ 코어center\ core\ 또}$$_{는\ 이너\ 튜브inner\ tube}$를 두어 하중을 분담한다. 내부 기둥 없이 중앙 벽체만 있기 때문에 내부 공간을 자유롭게 쓸 수 있다.

그런데 소설 속 오미야 스파이럴 빌딩은 이름^{spiral}처럼 나선형이다. 사각형의 평면이 나선형으로 소용돌이치며 올라간다. 이 나선형의 외부 벽체는 자체 무게와 그 형상 때문에 만곡을 이루며 주저앉으려고 하기 때문에 중앙 벽체인 이너 튜브의 역할이 중요하다. 그런데 외부 벽체의 만곡에 대한 저항은 중앙 벽체의 직경에 비례한다. 이누카이는 이 외부 벽체의 만곡과 넉넉하지 못한 중앙 벽체의 직경 때문에 오미야 스파이럴 빌딩의 붕괴를 두려워하고 있다. 그가 생각하고 있는 붕괴의 시나리오는 다음과 같다. 작가의 문체는 단언적이고 명료하다.

소용돌이치며 올라가는 튜브 구조의 오미야 스파이럴 빌딩(출처: corriny777.exblog.jp)

　엄청난 소음이 현장에 울리고 바깥 측 볼트가 파열되어 없어지면, 그 볼트가 떠안고 있던 하중이 이번에는 인접한 볼트로 옮겨진다. 그러면 그 볼트가 무게를 못 견디고 마침내 파열한다. 그렇다, 똑같이 파열하고 만다.

　마치 도미노처럼 가속을 붙여가며 잇달아 볼트가 파열된다. 마침내 그 층을 지탱하던 센터 코어도 저항력을 잃고 건물 전체가 천천히 뒤틀리기 시작한다. 마치 거인이 대지에 무릎을 꿇듯 천천히 뒤틀리기 시작한다. 그렇다, 천천히 뒤틀리기 시작한다.

몇 만 톤이나 되는 거구가 한 번 흔들리기 시작하면 멈출 방법은 없다. 스파이럴 빌딩은 천천히, 천천히 무너져 내리는 수밖에 없다. 그렇다, 천천히 뒤틀리며 자멸하는 수밖에 없다.

『랜드마크』, 요시다 슈이치

기둥이 없는, 속이 텅 빈 공동空洞의 건축물. 나선형의 튜브 구조인 오미야 스파이럴 빌딩은 이너 튜브의 내부 철강 보강을 하지 않으면 가장 크리티컬critical한 접합부 볼트부터 파열하기 시작할 것이다. 그리고 이 파열은 순식간에 도미노처럼 이어져 손쓸 틈도 없이 전체적인 건축물의 붕괴로 이어질 것이다.

작가는 소통이 부재하는 현대 사회의 상징으로 차가운 노출 콘크리트와 스테인리스 정조대를 등장시켰다. 그리고 이것들은 불안정한 랜드마크인 오미야 스파이럴 빌딩으로 확대된다. 총알처럼 튕겨져 나가는 볼트처럼, 소통하지 않으며 겉도는 오늘날 우리들의 도시는 위험하며, 뒤틀리며 자멸하는 오미야 스파이럴 빌딩처럼, 소통 부재의 도시는 헛것의 위험한 랜드마크를 끝도 없이 만들어내고 있다.

랜드마크를 끝도 없이 만들어내는 도시
·
191

사람이 걷는 인도와 차가 달리는 차도는 빠르게 분리되었으며 마차와 당나귀는 길에서 추방되었다.

건축과 자동차,
공간을 말하다

정역학의 건축, 동역학의 자동차

자동차는 도시를 파괴한 후, 이제는 자동차를 죽이고 있다. 모든 사람에게 훨씬 빨리 움직일 것을 약속한 후, 자동차산업은 엄밀하게 예측 가능한 결과에 이른다. 그 결과란, 모두가 전체 중에서 가장 느린 사람보다도 더 느리게, 유체역학의 단순한 법칙에 의해 결정되는 속도로 가게 되는 것이다. 더 나쁜 것은 이것이다. 주인이 가고 싶은 곳을 가고 싶을 때, 원하는 속도로 갈 수 있게 하기 위해 만들어진 자동차가, 모든 교통기관 중에 가장 노예적이고 임의적이고 예측할 수 없고 불편한 것이 되어버린다.

『에콜로지카』 중 「자동차의 사회적 이데올로기」, 앙드레 고르

1997년도 대학입시 때, 나는 건축학과에 진학하기를 열망했으나 그러지 못했다. 이유는 간단하다. 공부를 못해서 그런 것인데, 그래도 점수에 맞춰 다른 학과에는 입학할 수 있었다. 이런 사정으로 일 년 동안 기계공학과에 적을 둔 적이 있었다. 그때 기계공학과 선배들이 들려줬던, 구비전승(?)되는 학과 노래가 하나 있었는데 제목이 '정력가精力歌'였다. "날아가던 새가 왜 떨어지나? 지나가던 개가 왜 쓰러지나? 이 모든 이유가 정력이 부족해서"라고 외치는 노래였는데, 기계공학의 기초역학 중 정역학靜力學의 '정력'이라는 동음이의어를 희롱하며 부르는 노래였다.

역학力學은 힘에 관한 현상을 다루는 학문인데 힘의 흐름에 따라 크게 정역학과 동역학動力學으로 구분한다. 정역학은 힘의 평형을 다루고 동역학은 힘과 운동의 관계를 다룬다. 정역학은 비교적 간단하다. 정지한 물체에 관여하는 힘을 다루기 때문에 그렇다. 모든 힘의 합력이 0이라는 단순한 명제만을 기억하고 있으면 어지간한 문제의 답을 구할 수 있다. 대부분의 기계공학과 학생들은 정역학 시험에서 만점을 받는다(사실 나는 만점을 못 받는 학생이었다). 그에 비해 동역학은 어렵고 복잡하다(고 한다. 난 정역학까지만 수강을 하고 동역학을 수강하지는 못한 채 전학(?)했다). 움직임에 관여하는 힘을 다루기 때문에 그렇다. 움직임의 종류는 다양하고 그만큼 변수가 많으며 힘의 합력 또한 가변적이다. 많은 기계공학과 학생들이 동역학을 재수강한다(고 들었다). 공대 강의실을 들락거리며 나는 동적인 기계공학보다 정적인 건축학에 어울릴 것이라고 생각하고는 했다. 그리고 나는 재수를 해서 건축학과에 입학했다.

건축물에 작용하는 외력의 합이 0이 아닌 순간 건축물은 붕괴한다. 그래서 정역학은 건축 구조역학의 궁극의 목적이다. 반면 동역학의 총아는 자동차다. 감속과 가속이 0이라면 이론적으로는 자동차가 등속운동을 해야 하나 노면과 바퀴는 마찰하고 공기에 저항을 받기에 현실 세계에서 등속은 항상 움직임^{방향성을 갖고 있는 힘}을 품고 있어야 한다. 이와 같이 건축은 정역학의 지배를 받으며 자동차는 동역학의 원리에 따른다.

건축과 자동차의 조우

건축과 자동차의 공통분모는 '공간'이다. 건축과 자동차 모두 비어 있기 때문에 쓸모가 있다. 정역학의 건축은 움직일 수 없는 공간을 만들고 동역학의 자동차는 움직일 수 있는 공간을 만든다. 움직이지 못하는 건축은 점^點이며 움직이는 공간인 자동차는 선^線이다. 점과 점을 연결하는 것은 선인데, 도시는 이러한 무수히 많은 점들과 선으로 연결되어 있다. 그리고 산업화 이후 도시의 삶은 이런 선적인 움직임으로 부양되기 시작한다. 지역 공동체의 자급자족 시스템이 해체되면서 생활의 권역은 넓어졌다. 그만큼 움직임이 빈번해졌으며 그 반경도 넓어졌다. 건축물이 품은 공간은 '보수적'이며 당연하고 지루하지만 자동차의 움직이는 공간은 '진보적'이며 흥분되는 것이었다. 사람들은 움직이는 공간, 자동차에 열광하기 시작했다.

건축과 자동차의 첫 만남은 어색했을 것이다. 사람과 당나귀와 마

빌라 사보아 전경 ⓒ최우용

차가 함께 걷고 달리던, 인력 또는 마소의 힘에 의해 추동되는 속도
만큼을 받아내던 구불구불한 길(건축가 르 코르뷔지에가 비아냥조로
말하던 '당나귀의 길')에 그것들의 속도를 비웃는 자동차의 출현은 건
축과 사람 모두에게 당혹감을 안겨주었을 것이다. 자동차의 크기는
점점 커지고 속도는 점점 빨라지면서 구불거리는 곡선의 길은 자동
차가 달리기 좋은 반듯한 길(르 코르뷔지에가 찬양조로 말하던 '인간의
길')로 일변했고, 사람이 걷는 인도와 차가 달리는 차도는 분리되었
으며 마차와 당나귀는 길에서 추방되었다. 이제 자동차의 움직이는

공간은 건축이 독점하고 있던 도시의 자리를 당당하게 나누어 갖게 되었다.

이후 근대 건축은 자동차와 적극적인 동거를 시작했다. 근대 건축의 정점에 서 있던 건축가 르 코르뷔지에는 자동차를 찬미했다. 그는 자동차의 역동적인 모습뿐 아니라 자동차를 이루고 있는 밀도 높은 기능과

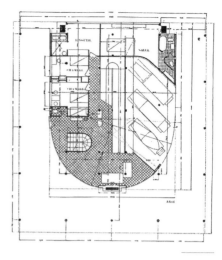

유턴의 궤적을 몸에 새겨넣는 르 코르뷔지에의 '빌라 사보아'

순도 높은 디자인에 열광했다. 그래서 르 코르뷔지에의 기념비적 건축인 '빌라 사보아'란 작은 주택은 자동차 유턴의 궤적을 몸에 새기고 있다. 작은 집 빌라 사보아에 새겨진 자동차의 흔적은 자동차를 품는 건축의 상징이 되었다.

오늘날에 이르러 건축은 자동차에게 공간을 내주어야 한다. 법으로 규정하고 있다. 건축 설계에서 주차와 관련된 사항은 '주차장법'에 근거한다. 일정 규모 이상의 건축물은 그 규모와 용도에 따른 주차 공간을 확보해야 한다. 그런데 그 주차 수요가 극적으로 많이 필요한 건축물들, 예를 들어 백화점이나 대형 마트 등은 '주차장법'에 우선하여 '도시교통촉진법'에서 규정한 '교통영향평가'에 따라 법적 근거를 적용받는다. 이 법의 주된 목적은 대규모의 주차 수요를 발생시키는 규모와 용도의 건축물에 대하여, 그에 상응하는 주

차 공간과 통로 그리고 건축물 인근 도로의 확폭^{擴幅, 너비를 넓힘}과 진출입을 위한 가감 차선의 설치 등이다. 이 법에 의해 계획된 건축물은 다 지어지고 난 후, 지방자치단체의 심의와 승인을 거쳐 사용할 수 있게 된다. 그러면 이 건축물이 세워진 일대의 주말에는 몰려드는 자동차와 이를 빨아들이는 거대한 건축물의 장관을 볼 수 있게 된다. 주말 백화점과 대형 마트를 가보면 마치 백화점이 자동차를 빨아먹는 거대한 블랙홀처럼 보인다.

이런 장관을 연출하는 건축물들은 소비를 위한 공간들인 백화점, 대형 마트 등에 집중되어 있다. 사기 위해, 쓰기 위해, 먹기 위해 또 놀기 위해 자동차를 끌고 사람들은 도시의 흩뿌려져 있는 거대한 점으로 돌진한다. 건축물은 이 자동차를 빨아들이며 자동차에서 쏟아져 나온 사람들은 주차장을 중심으로 각자에게 필요한 소비를 하기 위해 다시 사방으로 흩어진다. 건축물은 주차 수요를 기꺼이 감당하는 것으로 제 역할을 다한다. 오늘의 건축은 자동차에 대해 방어적이며 수동적이다.

수동과 피동의 건축으로 채워진 도시의 길

고밀화된 도시는 말 그대로 밀도가 높은 도시다. 그 밀도는 수평과 수직 모두를 아우른다. 도로를 중심으로 높은 건물들이 바짝바짝 붙어 있다. 그 도로에는 원경이 부재하며 스쳐가는 양옆 건축물의 저층 근경만이 존재하거나 내 앞을 가로막는 앞차의 증오스러운 뒷태가 놓여 있을 뿐이다. 이 도로가 만들어낸 선 위를 달리는 자동차의 속력은 인간 또는 자전거에 비해 극적으로 빠르다. 우리는 그 속도에서 선 위에 펼쳐진 공간을 온전한 감각으로 받아들이기 힘들다. 획획 지나가는 것들은 풍경이라기보다는 그냥 한순간을 스치고 지나가는 자취들의 연속일 뿐이기 때문이다.

도시가 커질수록 우리가 사는 곳은 '살 만한' 곳이 되기보다 '지나다닐 만한' 곳이 된다. 건축은 살 만한 집이 되기에 앞서 자동차를 받아들이기 위해 노력을 기울여야 한다.

앙드레 고르^{Andre Gorz}는 『에콜로지카』에서 이반 일리히^{Ivan Illich}의 글을 인용하고 있다. 내가 다시 인용한다.

일리히는 이렇게 썼다.

'사용자들이 자기들이 늘 지나다니는 순환(교통)의 작은 섬을 다시 영토로서 사랑하게 될 때, 그리고 너무 자주 그곳에서 멀어지는 것을 두려워하게 될 때, 그들은 초권능 운송체인을 깨부수게 될 것이다.' 그러나 정확히 말하자면, '자기 영토'를 사랑할 수 있으려면 우선 그 영토가 '살 만한' 곳이 되어야지 '지나다닐 만한' 곳이 되어서는 안 된다.

움직이는 공간인 자동차의 문제는 결국 움직이지 못하는 공간인 건축과 도시의 문제와 연동된다. '지나다닐 만한' 곳을 위한 도시의 길은 자동차를 꾸역꾸역 받아내기만 해야 되는 수동과 피동의 건축으로 채워진다. 그렇다면 우리는 무엇을 어떻게 해야 하는가?

앙드레 고르는 다시 말한다.

동네나 마을이 다시 예전처럼 모든 인간 활동에 의해, 인간 활동을 위해 설계된 소우주가 되어 거기서 사람들이 일하고 거주하고 긴장을 풀고 학습하고 소통하고 움직이고 모듬살이의 환경을 다 함께 관리해가야 한다.

이 대답은 건축을 어떻게 만드느냐의 '만들기 방법론'의 문제를 넘어서서(또는 포함하여) 어떤 건축을 왜 만드느냐의 문제로 확장된다. 이 질문에 답할 수 있는 건축인은 얼마나 되는가? 식은땀 나는 자문이다. 이 생각의 근처에서 난 또 한참을 서성이게 되는데, 아! 잘 모르겠다. 그저 자꾸 생각만 해본다.

4

여행객의 눈으로

: 건축, 자연스러운 것은 아름답다

비껴치는 시선에 놓여 있는 안양루와 무량수전 ⓒ 최우용

화엄과 주심포
그리고 부석사 무량수전

부석사가 창건되고 중창되던 나날들

무량수전은 고려 중기의 건축이지만 우리 민족이 보존해 온 목조 건축 중에서는 가장 아름답고 가장 오래된 건물임이 틀림없다. 기둥 높이와 굵기, 사뿐히 고개를 든 지붕 추녀의 곡선과 그 기둥이 주는 조화, 간결하면서도 역학적이며 기능에 충실한 주심포의 아름다움, 이것은 꼭 갖출 것만을 갖춘 필요미必要美이며 문창살 하나 문지방 하나에도 나타나 있는 비례의 상쾌함이 이를 데가 없다.

『무량수전 배흘림기둥에 기대서서』 중 「부석사 무량수전」, 최순우

영주 부석사는 화엄의 종찰宗刹이다. 오래전 의상은 바다 건너 당唐에서 불법을 파하고 돌아와 소백산 깊은 곳에 화엄의 세계를 열었다. 의상대사가 왕명을 받들어 부석사를 창건한 해가 676년이었고, 부석사의 무량수전이 마지막으로 중창된 해는 13세기 초로 추정된다.

642년 남쪽의 백제와 북쪽의 고구려는 연대한다. 신라를 견제하기 위해서였다. 이에 648년 동쪽의 신라는 바다 건너 서쪽의 당과 연합한다. 여제동맹과 나제연합은 동과 서가 연합하고 남과 북이 연대하여 한반도의 패권을 다투던 삼국의 마지막 합종연횡이었다. 살육의 시대는 신라의 통일로 갈무리되는 듯했으나, 신라와 당의 연합은 애초부터 파행을 예비하고 있었다. 신라의 통일 이후에도 한반도 깊숙한 곳에 들어앉아 있던 당과의 일전은 불가피했다. 670년부터 676년까지 신라는 당과 전쟁을 치른다. 피로 피를 씻으며 서로의 존재에 의문을 보내던 당시에, 부석사는 세워졌다.

테무친은 1206년 몽고고원에 흩뿌려진 유목민족을 한데 모았다. 그는 칸汗으로 추대되어 칭기스칸이 되었으며 대몽고국大蒙古國의 이름으로 대륙의 중원을 압박하기 시작했다. 그리고 칭기스칸의 셋째 아들 오고타이칸窩闊台汗은 1231년 한반도를 내습하였다. 이후 원元의 부마국이 된 고려 왕조는 '조祖'나 '종宗'의 시호를 쓰지 못했고 원을 향한 '충忠자'를 왕의 이름 앞머리에 심어야 했다. 강화도에서 두문불출하던 고려 왕실과 지배층의 궁핍도 고단한 것이었지만, 도탄에 빠진 민중의 삶은 말로 다 표현할 수 없었다. 국운이 땅에 떨어져 위아래 없이 고통으로 시름하던 당시에, 부석사 무량수전은 마지막으로 중창되었다.

무릇, '종교의 존재 이유를 어디서 찾아야 하는가'라는 질문은 무섭게 다가온다. 인류의 역사에서 보건대, 종교는 신에서 나왔으나 결국 거하는 곳은 인간세世였고, 그래서 종교는 인간을 어루만지기도 했지만, 그것이 교권화되고 세속화되었을 때는 인간을 폭압하거나 군림하기도 했다. 유럽 중세의 기독교가 그러했고 귀족사회에 함몰된 고려의 불교가 그러했다. 그러나 고난의 시기에 종교는 빛났고 순전했다. 부석사가 창건되던 시기, 의상은 피비린내 넘치는 세상에서 인간을 보듬으려 했으며, 부석사 무량수전이 중창되던 고려 말의 번잡한 불교는 숨을 가다듬으며 불력의 힘으로 도탄에 빠진 나라를 구하려 했다.

무량수전의 공포

부석사는 화엄의 근본도량이다. 나는 '화엄華嚴'이라는 광막한 단어에 내 미숙하고 사나운 생각을 잇대어 무엇인가를 말할 수 있는 처지가 못 된다. 그저 '하나가 모두고, 모두가 하나'라는 말만 겨우겨우 핥을 수 있을 것 같은데, 그러하다면 부석사와 무량수전은 화엄의 건축적 현현顯現일 것이라는 생각이 든다.

부석사 지고至高의 위계를 갖고 있는 공간은 무량수전이다. 아미타여래를 모시고 있기 때문이다. 무량수전으로 이르는 길은 점진적 상승의 공간으로 구성된다. 일주문을 지나 천천히 걸으면 천왕문에 닿게 된다. 천왕문을 지나 범종각 누각 밑의 정연한 기둥을 거치

부석사 전경 ⓒ최우용

간소하게 화려하거나, 화려하게 간소한
무량수전의 공포 ⓒ최우용

면 안양루에 이른다. 안양루를 거치면 드디어 무량수전의 모습이 나타나는데, 안양루와 무량수전은 천왕문에서 범종각에 이르는 주된 축 선상에서 30도 가량 비뚤어지게 배치되어 있다. 이 상승의 배치와 비뚤어진 좌향은 한눈에 부석사의 조망을 용인하지 않으며 굽이쳐 돌아올라 누밑을 지나서 올라갈 때야 비로소 비스듬히 그 모습을 나타낸다. 무량수전은 비껴치는 시선 속에서, 화려한 간소함이거나 또는 간소한 화려함으로 소백산 산중에 조용히 자리하고 있다.

공포栱包, 또는 두공(斗栱)는 지붕의 무게를 분산 혹은 집중시켜 하중을 전달하는데, 그 구조가 만들어내는 공작의 화려한 짜임새 때문에 장식적인 역할도 하고 있다. 중국 건축사학자 양사성梁思成, 1902~1972은 공포에 대해서 다음과 같이 말했다.

"보와 기둥 사이의 전단력을 줄이기 위해 그 사이에 일종의 과도적인 부분을 장치하였다. 여러 가지 두형의 나무토막과 굽은 나무로 층층이 받쳐주며 밖으로 뻗어나갔고, 보 아래에서 보 몸체의 하중을 증가시켜 처마를 멀리까지 뻗어나갈 수 있게 하였다."

양사성은 공포의 구조적 역할에 집중하고 있는데, 또 다른 중국 건축사학자이자 건축가인 이윤화李允鉌, 1930~1995는 공포의 구조적인 전개 방식과 의장적인 감성에 대해 짚었다.

　"두공拱包은 완전히 독립된 하나의 부재로서 대단히 빠르게 주두와 관계없는 부재 형식으로 발전하였다. 두공은 단층에서 다층으로, 단일 방향에서 두 방향으로 발전하여 아주 복잡하고 교묘한 구조가 되어 외관상으로 깊고 오묘한 느낌이 든다."

　공포는 그 자체의 구조적인 필요와 그 결과에 따른 의장을 아우르고 있는 건축 부재다.
　무량수전은 지붕을 받치는 공포가 기둥 위에만 있다. 이것이 주심포 양식이다. 기둥 위뿐 아니라 기둥과 기둥 사이에도 포가 있으면 다포 양식이 된다. 공포의 구조는 (이윤화의 견해와 마찬가지로) 단순한 모습에서 복잡한 모습으로 전개되었다고 보는 것이 지배적이다. 공포 구조의 초기 형식은 지렛대의 원리로 처마를 받치는 하앙下昻식 공포를 지나, 이후 견고한 공포 구조의 발달을 바탕으로 한 무하앙식 공포인 주심포 양식을 거쳐 다포 양식으로 변화하였다. 주심포 양식은 공포의 구조가 발달하기 시작하면서 나타난 형식이며 다포는 공포의 구조가 정형화되고 규격화되면서 생긴 형식이다. 부재를 규격화시키지 못한 주심포 양식은 가공에 품이 많이 들기는 했으나 그만큼 부재 하나하나가 섬세했다. 다포 양식은 부재를 규격화시키고 주심포보다 많은 공포를 올려 지붕 무게를 효과적으로 분산시키

무량수전은 지붕을 받치는 공포가 기둥 위에만 있다. ⓒ연합뉴스

고, 리듬감 있고 화려한 입면을 가능케 했다.

　주심포 양식은 동아시아의 목조 가구식架構式 건축이 다포의 화려
함을 구사하기 전, 최소한의 골격으로 그 목표에 닿고자 했던 순전
한 모습을 보여주고 있다. 무량수전 정면의 여섯 개 기둥 위에는 여
섯 개의 공포만이 걸려 있다. 섬세하게 배흘림된 기둥은 세련되었으
나 단출하다. 그러나 나뭇가지 분기하듯 힘차고 건실하게 짜 맞추어
져 있는 그 위의 공포는 장엄하고 화려하다. 무량수전은 구조적 아
름다움과 장식적 아름다움을 동시에 구현하고 있다. 주심포를 이루
는 기둥과 공포는 간소하게 화려하거나 또는 화려하게 간소한데, 더
하거나 뺄 것을 찾기는 어려워 보인다. 혜곡 최순우 선생이 말한 대
로, 지금 모습이 무량수전의 필요미를 가장 여실하게 보여준다.

하나가 모두고, 모두가 하나

아포리즘^{aphorism}은 깊은 진리를 간결하게 표현한 말이나 경구를 뜻한다. 건축가 미스 반 데어 로에$^{Mies\ van\ der\ Rohe(1886~1969)}$는 모더니즘을 대표하는 아포리즘을 남겼다. '적을수록 좋다$^{Less\ is\ more}$'. 포스트모더니즘 건축을 대표하는 로버트 벤추리$^{Robert\ Venturi(1925~\ )}$는 이 아포리즘을 공격했다. '적을수록 지루하다$^{Less\ is\ bore}$'. 이 말은 풍요의 시대를 거치며 그 영향력을 확대했다. '많을수록 좋다$^{More\ is\ more}$'. 그리고 과잉의 현대 사회를 지나면서 미스의 아포리즘은 다시 부각되고 있다. 다시, 적을수록 좋다.

나는 미스의 건축이 보여주는 본질을 파고드는 절제된 형식과 간결한 조형 언어에는 감동을 받지만 미스의 추종자들이 보여준 교조성과 경직성이 식상하며, 벤추리가 지향한 건축 현상의 복합성과 대립성, 다양성은 존중하지만, 그 치기 어린 헛헛한 껍데기가 싱거워 보이기도 한다.

현상과 본질을 알고자 하는 것, 그리고 그것을 넘어 계속해서 쪼개고 구분하는 과정에서 이것과 저것은 갈리고 분해되며 또 두께를 잃어간다. 그런데 최소와 최대를 구별하는 것은 어려운 일일지 모른다. 그것들은 어쩌면 하나일지 모른다. 하나가 모두이고 모두가 하나일 수 있음에도, 자꾸만 자꾸만 최소와 최대를 가르려는 생각은, 어쩌면 서구적 관념의 구분병에서 연유한 것인지도 모르겠다. 무량수전의 배흘림기둥과 공포를 보면서, 나는 그런 생각을 해본다.

경당에 이르는 길은 멀고 휘어져 있다. ©최우용

채를 나누다,
자비의 침묵 수도원

완고한 공간의 채를 나누고 싶다

너무 당연한 사실이지만, 코끼리는 개미보다 크고 개미는 코끼리보다 작다. 그런데 코끼리와 개미의 세포는 직경 10마이크로미터에서 100마이크로미터 사이에서 서로 엇비슷하다. 세포의 크기가 아닌 세포의 수로 체적-덩치의 차이가 결정되기 때문이다.

이 생물학적인 모습에는 합당한 이유가 있다. 세포의 체적이 커질수록 세포의 표면적 비$^{표면적/체적}$는 작아진다. 이것은 세포의 원활한 대사활동 때문에 중요하다. 이 표면적 비가 작아질수록 세포의 대사활동은 불리해진다. 즉 살아 있는 세포는 외부와 반응하며 이런 저런 것들을 받아들이고 또 내보내야 하는데, 이 표면적 비가 작아질수록 그게 어려워진다. 세포의 크기가 커질수록 들락날락해야 될 것들은 많아지는데, 세포 크기가 커지는 만큼 표면적 비는 계속 줄어들기 때문이다. 자연 상태에서 세포의 적정 크기가 결정되는 것은 이와 같은 사정에 따른다.

세포의 적정 크기는 건축물에도 동일하게 적용된다. 즉 자연 상태에서라면 건축물은 바람에 의해 자연 환기가 되고, 태양에 의해 자연 채광이 되도록 절대적 적정 크기가 정해진다. 그러나 기계와 전기적 설비 장치들을 통해 이를 극복할 수 있게 된 오늘날에는 끝이 보이지 않을 정도로 넓은 건축물들이 등장하고 고개가 젖혀질 정도의 높은 건축물들이 세워지고 있다. 당연하게도 이 적극적인 설비 장치들은 엄청나게 많은 에너지를 필요로 한다. 근대 이후 대부분의 건축물들은 막대한 에너지 소비를 통하여 삶의 쾌적성을 유지할 수 있었다.

근대에 들어서면서 생산성은 비약적으로 높아졌다. 증가된 생산성은 자본 축적의 속도를 증가시켰고 축적된 자본은 다시 생산성을 끌어올렸다. 이 과정이 반복되면서 근대의 삶과 그 삶을 받아내는 공간은 자본과 생산성의 논리로 이끌어졌다. 몸의 안락함을 위한 편리의 추구는 일기日氣에 반응해야 하는 불편함을 계속해서 소거시켰고, 생산성을 목표로 하는 합리의 추구는 몸의 '불필요'한 움직임을 용인하지 않았다. 이에 건축은 실내 공간에 많은 것들을 집적시켰고, '합리'적인 최단最短의 동선動線을 만들어냈다. 그래서 건축은 수평의 방향으로 몸집을 키우고 수직의 방향으로 키를 키워 집적과 응축의 공간을 만들어냈으며, 그 집적되고 응축된 수평과 수직으로 된 민짜의 공간 안에서 복닥거리는 삶의 방식을 완성했다. 편리가 당연한 우리는 공간의 권태를 이야기하지 않으며, 자본이 달려드는 건축 크기에 대한 집착의 결과를 이야기하지 않는다. 근대화된 삶과 그 연장 위에 놓여 있는 현대화된 삶은 살아가는 방식에 대한 돌아봄의 시선을 거세시키며 완성되었다.

사람은 주어진 환경을 제 몸으로 받아내며 살아간다. 사람은 생각하는 존재로서, 관념의 힘으로 세계를 펼쳐나가고, 그렇게 펼쳐진 세계 속에 제 몸을 부딪치며 살아간다. 근대적 사고가 투사 또는 투영된 근대적 또는 현대적 삶의 공간은 인공의 힘으로 조절되는 안락을 추구하고, '합리'라는 명분으로 최소한 만큼만 움직이게 한다. 이 과정에서 인간은 인공의 공기로 들숨을 해결하고 인공의 설비로 날숨을 해결한다. 움직임이 근본적으로 불합리의 굴레를 뒤집어쓰게 되는 공간에서 우리의 몸은 부동不動을 미덕으로 비대해진다. 그리고 이를 위해 자연은 인간에 대한 봉사를 짊어지며 비쩍 말라가고 또 불모해지고 있다. '그럼 어떻게 살 것인가.'†

건축가 이일훈은 '한 덩어리로 서 있는 건축물을 보면 자꾸만 자꾸만 나누고 싶'어 한다. 그는 한 덩어리로 뭉쳐 있는 과도한 응집력으로 완고한 공간의 채를 나누는 '채 나눔'에 집중하고 있다. 그는 이 채 나눔을 통해 불편하게 살고, 밖에 살고 또 늘여 살기를 공간

---

† 이일훈, 〈한 덩어리를 보면 자꾸만 나누고 싶어진다〉에서. 이후 작은따옴표 동일

속에 투영시킨다. 그의 건축은, 살아 있는 유기체 세포들과 같이, 자연스럽고 온전한 삶의 방식을 유지하기 위해서 적정 크기와 형태로 전개된다.

사는 게 불편해서, 불편한가요?

경기도 화성시 외곽 한가로운 곳에 '자비의 침묵 수도원'은 있다. 이일훈이 십수 년 전에 설계한 곳이다. 수도원은 오직 신을 사랑하며, 그 안에서 살고자 하는 사람들이 거하는 공간이다. 그들은 빈한한 삶을 살아가며, 신을 향한 맑은 정조를 지키기 위해 노력한다. 그래서 건축가는 다음과 같은 장면을 수도원에 심어놓았다.

장면 하나, 채 나눔. 수도원은 수사들이 생활하는 수방修房, 기도를 드리는 작은 경당, 식당 등의 채를 나누어 땅에 고루 앉히고 있다. 그래서 그 공간들은 홑켜 공간이 되어 바람과 빛이 구석구석 후비고 들어올 수 있다. 이 채 나눠진 작은 덩어리들은 각자의 영역을 지니며 안과 밖을 동시에 점하고 주변의 풍경을 받아들이며 스스로 풍경 안으로 스며든다. 이일훈은 이 덩어리들의 연결하는 방식을 달리하여 비를 맞고 걷게 하거나, 지붕이 씌워진 외부 공간을 두어 두런두런 이야기하며 걷게 등 다양한 동선을 만들었다. 걷는 사람의 의지에 따라 다양한 동선의 선택이 가능하다.

장면 둘, 불편하게 살기. 건축가 이일훈이 말하는 불편함은 '임상학적 불편이나 신체적 구속을 의미하는 것'이 아닌 '참을 수 있는 불편함'이다. 그는 수사들이 모여 사는 공간에 폭 75센티미터의 복

도를 만들었다. 성인 한 명이 겨우 지나다닐 만한 폭이다. 그가 말한
다. "복도 폭을 75센티미터로 만들었지요. 신부님, 수사님들이 욕을
바가지로 하더군요. 두 사람도 못 지나가도록 복도를 만들면 어떡
하느냐고. 그런데 이제는 그 양반들이 그 복도를 그렇게 좋아한답
니다. 사제들 간에 형제애를 키우는 복도라고요. 두 사람이 서로 지
나가겠다고 우기면 아무도 그 복도를 못 지나갑니다. 한 사람이 옆
으로 붙어 서면 비로소 두 사람 모두 지나갈 수 있지요. 그래서 복
도의 이름이 '겸손의 복도'입니다." 그는 이 불편을 통해 수도사들
이 지향하는 삶의 방식을 좀 더 구체적으로 제안하였다.

장면 셋, 밖에 살기. '바깥 지향적 사고는 자연으로 한 발 더 가까
이 가는 것'이라는 이일훈은 수도원 곳곳을 채 나눠진 작은 덩어리
들로 만들고, 이것들이 외부 공간을 규정하도록 했다. 건물 한 모서
리를 파낸 필로티*에는 평상이 깔려 있고, 작은 경당 앞에는 길쭉
한 판벽으로 만들어진 14처를 놓아서 사색의 마당을 만들었다. 한

덩어리의 옥상에는 하늘로 열린 외부 기도 공간이 꾸려져 있다. 그는 수도사들에게 바깥 생활을 지향하게 하고 자연을 일상적으로 접하게 함으로써 일기에 반응하는 삶, 그 당연하고도 어려운 일상의 건강한 회복을 이야기하고 있다.

장면 넷, 늘여 살기. 수도원의 작은 덩어리들은 적절한 거리 또는 의도적으로 만들어진 먼 거리를 유지하며 떨어져 있다. 그래서 수사들은 이곳에서 저곳을 가려면 무조건 밖으로 나와야 한다. 수사들이 생활하는 수방과 기도하는 경당은 멀다. 이른 새벽이나 비가 오는 궂은 날에 경당으로 가려면 수사들은 불편한 발품을 팔아야 한다. 그러나 이른 새벽 찬 공기에 몸은 환기되고, 우산을 챙기고 발목에 튀기는 흙탕물을 조심하는 동안 마음은 맑아질 것이다. 이일훈은 '천천히 걷기를 권유'하고 있다. '건축의 이름으로'.

봄의 생기가 무르익어 가던 어느 날, 나는 그곳을 찾았다. 어버이날 행사를 마치고 외부 마당을 정리하고 있던 청년 수사들의 움직임은 부산했지만 고요했다. 도심 외곽, 한갓진 곳에 위치한 수도원이 놓인 땅은 넓었고 신생하는 파릇한 잔디가 내미는 향은 여리나 힘이 있었다. 혼자 카메라를 둘러메고 온 내게 한 젊은 수사修士가 인사를 건넸다. 자기 또래의 외부 사람에 대한 그리움과 반가움이 전

---

* piloti, 건물 전체 또는 일부를 지상(地上)에서 기둥으로 들어올려 건물을 지상에서 분리시킴으로써 만들어지는 공간

경당과 14처가 놓인 사색의 공간 ⓒ최우용

자비의 침묵 수도원 전경 ©최우용

해졌다. 그가 내게 항아리 모양의 바나나맛 우유를 건네며 말했다.

"수도원이 이렇게 만들어져서 사는 게 불편해요."

나는 그 말이 무슨 뜻인지 알 듯도 했다. 내가 젊은 수사에게 말했다.

"사는 게 불편해서, 불편한가요?"

말 같지도 않고, 질문 같지도 않은 질문에 젊은 수사는 다시 내게 말했다.

"사는 게 불편해서 불편하기는 한데, 불편하지만은 않아요."

나는 그 말이 무슨 뜻인지도 알 듯했다.

편리와 불편은 반대의 뜻을 담고 있지만, 이런 반대의 개념이 서로 모호해질 때가 있다. 몸이 편리하면 선이고 몸이 불편하면 선이 아니다. 이 말은 어느 수준까지는 맞는 말이다. 육신의 안락함의 추구는 이 어느 수준까지는 당연한 것이다. 이 어느 수준의 경계는 몸의 편리함이 정신적 나태와 권태 그리고 세상에 대한 몰이해로 넘어갈 때 구분지어질 것이다. 그래서 몸을 담아내는 건축이 삶의 방식에 의문을 품고 제안을 던지는 것은 의미가 있다.

봄은 날이 길었다. 나는 다시 버스를 타고 수원역으로, 다시 버스를 타고 석수역으로, 그리고 다시 버스를 타고 인천 옥련동으로 향했다.

두오모 쿠폴라 ⓒ최우용

건축과 로맨티시즘
그리고 낭만 피렌체

교차하는 두 개의 파동, 감성과 이성

'로맨'틱은 '낭만'적이라는 뜻이다?

'낭만^{浪漫}'이라는 단어는 중세 로망어로 씌어진 소설 등을 뜻하는 프랑스어 '로망^{roman}'을 일본 문학계에서 일본어식 음역인 '로망^{浪漫, 우리말 음역 '낭만'}으로 표기한 데서 유래한다. 따라서 '로맨틱^{romantic}'과 '낭만적^{浪漫的}'은 결국 같은 발음에 기원을 둔 알파벳 표기와 한자 표기의 차이에 다름 아니다. 결국 첫 문장은 그 말이 그 말인 동어반복이다. 그래서 좀 더 구체적인 뜻풀이를 해야 '로맨'틱 또는 '낭만'적이라는 단어의 설명이 가능할 것이다.

그렇다면 '낭만'의 사전적 의미는 무엇인가? '실현성이 적고 매우 정서적이며 이상적으로 사물을 파악하는 심리 상태, 또는 그런 심리 상태가 촉발한 감미로운 분위기'를 말한다. 이성적 날카로움보다 감성적 감미로움이 우선하는 것, 이 감성적 고양 상태가 낭만의 핵심이다. 그래서 계산에 의한 이성적 형식보다는 예측 불가능한 감성적 불명료함에서 우리는 낭만을 느끼는가 보다.

그렇다면 낭만과 건축^{또는 예술}의 접점은 어디 즈음일까? 좀 애매모호한 질문이기는 하지만 가장 먼저 떠오르는 것은 낭만주의다. 건축사 혹은 예술사에서 언급되는 낭만주의^{Romanticism}는 고전주의^{Classicism}에 대응되는 개념으로, 그 핵심은 감성^{낭만}과 이성^{고전}이라 할 수 있다. 내가 생각하기에도 좀 어렵다. 좀 더 풀어서 살펴보자.

서양 예술사와 건축사의 흐름은 이성과 감성이 교차하는, 두 개의 파동과 같다. 이성의 파동이 가장 높은 부분인 마루에 위치할 때, 감성의 파동은 가장 낮은 부분인 골에 위치한다. 반대로 이성의 파동이 가장 낮은 부분인 골로 내려갈 때, 감성의 파동은 가장 높은 부분인 마루로 올라선다. 이렇게 교차하여 반복되는 두 개의 파동이 서양의 예술사와 건축사의 전반적인 흐름이다. 예를 들면, 이런 식이다. 그리스·로마시대에 완성된 '고전^{Classic}'은 고도로 형식화되고 규범화된 양식이다. 당시의 건축과 예술은 직관이나 심미성에 바탕을 두기보다는 규범화된 논리적 틀 안에서 객관적 이성을 목표로 삼았다. 고전의 건축과 예술에서 이성의 파동이 첫 번째 마루의 위치에 올라선다.

이어 서구는 로마네스크를 거쳐 고딕에 이르는 중세로 접어든다.

중세의 건축과 예술은 고전적 규범을 중심으로 하는 엄격함과 형식성에서 결별한다. 중세의 장인들은 형식적 규범에 구애받지 않은, 창조적이고 개성적인 작풍作風을 후세에 남긴다. 이때 형성된 신비스럽고 섬세한 수공예적인 예술과 건축에서는 감성이 부각되고 (고전 시대에 마루에 있었던) 이성은 골의 위치로 내려간다.

고전에서 중세에 이르며 한 번씩 교차했던 이성과 감성은 이후에도 계속해서 교차하며 오르내림을 반복한다. 고전을 재발견한 르네상스의 건축과 예술에서는 객관적 이성을 목표로 삼았던 고전적인 이성이 다시 부상한다. 그러나 시간이 흘러 바로코와 로코코의 화려하고 장식적인 건축과 예술은 이성을 끌어내리고 감성을 전면에 내세웠다. 이후 합리주의와 신고전주의는 다시 한 번 고전을 부활시키며 고전적 형식성을 지고의 목표로 삼는 이성적 작풍을 보여주었으며, 곧이어(또는 거의 동시에) 이어진 낭만주의는 다시 중세적인 감성으로 회귀한다. 이후 모더니즘은 다시 이성을, 모더니즘의 반동으로 이어진 포스트모더니즘은 다시 감성을 중요시 했다.

요약해보면, 고전을 지향한 르네상스와 합리주의 · 신고전주의 그리고 모더니즘은 객관적 이성을 목표로 삼은 반면, 감성은 중세를 비롯하여 화려하고 장식적인 바로코와 로코코 그리고 어원그대로 '낭만'을 추구하는 낭만주의 등을 이끌었다. 중세는 이성적이며 형식화되었던 고전의 엄격함과 형식성에서 멀어지며 서양 예술사와 건축사에 감성의 시대를 열었다. 중세는 감성 파동의 시작점이었다. 그래서 중세는 감성적이며 또 감각적인 성향을 지향하여 낭만적 정취를 낳게 되었다. 이렇게 보면 낭만과 감성 그리고 중세는 서로 하나로 연결되어 있다고 할 수 있다.

중세의 흔적들을 간직하고 있는 유럽의 고도古都들은 그래서 낭만적이다. 그중에서도 화석처럼 굳어져 있는, 마치 시간이 정지된 듯한 모습을 극적으로 간직하고 있는 도시 피렌체는 그래서 더더욱 낭만적이다.

습윤한 낭만이 가득한 피렌체

피렌체는 14세기에서 16세기에 걸친 르네상스의 인문적 이성이 개화하고 또 만개했던 도시다. 그러나 이 매력적인 도시 전체를 이루고 있는 골격은 12세기, 중세의 절정기에 만들어졌다. 그래서 피렌체의 길들은 자유 사행하는 하천처럼 유연하고 극적으로 흐른다. 그리고 이 흐름 속에 다양한 높낮이와 다채로운 모습으로 녹아 있는 오래된 건축물들과 그 사이사이 구불거리는 길들이 만들어내는 풍경은 지극히 중세적이며 낭만적이다.

격자로 구획된 도시들의 길 위에서 그 길의 직선을 바라보자면 한 점으로 사라지는 길의 소멸을 보게 된다. 그 길의 끝이 만들어내는 소실점은 우리 시야 안에 온전히 포섭된다. 쭉 뻗은 길과 그 길 양옆에 정연하게 도열한 건축물들은 이성적 합리 속에 가지런한데 이 직선의 길과 건축은 그래서 예측 가능한 예상을 받아들인다. 앞만 보며 열심히 걸어가면 목적지에 이를 수 있다. 이 격자의 길과 건축은 합리적 이성으로 건조하다.

그러나 피렌체의 엉켜 있는 길들은 불규칙하다. 미로 같은 길들은 서로 얽혀 있다. 휘어진 길 어느 골목에서 무엇이 튀어나올지 모른다. 이 길 위에서는 앞만 보며 걸을 수 없으며 휘어진 방향과 불규칙한 위치에서 합류하는 다른 길들을 염두에 두어야만 한다. 염두하며 길을 걷는다는 것은 가는 것 자체가 목적이 아닌 과정인 것인데, 이 곡선의 길은 그래서 예측 불가능한 우연을 포함하며 흐른다. 피렌체의 길과 건축은 우연적 사건이 발생할 수 있는 낭만적 감성으로 습윤하다.

습윤한 낭만으로 가득한 피렌체에서 발견되는 로맨틱 코드 두 가지.

하나. 1265년, 단테는 중세에서 근대로 넘어가는 시기의 피렌체에서 태어났다. 찬연히 빛나는 대작 『신곡*La divina comedia*』은 그의 손에서 탄생했다. 『신곡』에는 서른다섯의 단테가 서사의 중심에 서 있다. 그는 신곡을 통해 죽음 이후의 세계를 순례한다. '지옥'과 '연옥'을 거쳐 '천국'에 이르는 순례에서 '지옥'과 '연옥'으로 단테를 안내하는 이가 바로 단테가 문학적으로 흠모했던 고대 로마의 시인 베르길리우스다. 그리고 마지막 '천국'의 순수한 환희로 단테를 이끄는 이는 그가 영원한 연정의 대상으로 삼았던 베아트리체다.

베아트리체는 단테보다 한 살 아래였는데, 조로^{早老}한 것인지 조숙^{早熟}한 것인지 모를 아홉 살의 단테는 여덟 살의 베아트리체를 피렌체의 폰테 베키오에서 처음 만난 순간부터 연정을 품었다고 한다.

그는 당시를 이렇게 회상했다.

'그녀를 처음 만난 그 순간부터 사랑이 내 영혼을 압도했네.'

단테와 베아트리체, 둘 모두 배우자가 있던 유부남과 유부녀였다. 그들의 플라토닉한 사랑이 후세에는 불멸의 로맨스로 불리고 있으나 당대에는 둘의 사랑이 어떻게 비춰졌는지를 나는 알지 못한다. 나는 다만 신화 같은 로맨스가 붙어 있는 폰테 베키오를 말해 보련다.

폰테 베키오는 '오래된^{vecchio}', '다리^{ponte}'다. 이 다리의 아름다운 세 개의 아치를 이루고 있는 교각은 고대 로마 시대부터 있었다고 하는데, 오늘날과 같은 모습이 만들어졌던 시기는 대홍수를 겪은 뒤인 1345년이었다. 단테와 베아트리체가 처음 만났던 그 세기적 로맨스의 장면이 1274년의 일이니 그 당시에는 지금과 같은 모습은 아니었을지 모른다. 그러나 나는 저 다리에 붙어 있는 비정형의 기생적 더부살이의 건축들을 사랑한다. 수직과 수평 그리고 직교의 격자가 만들어내는 이성적 세련보다 얼기설기 불규칙한 군집이 일으키는 감성적 낭만에서 좀 더 현실에 긴밀하게 착상된 건축의 모습이 보이기 때문이다.

둘, 소설 『열정과 냉정 사이』는 남녀 주인공 각자의 입장에서 서술된 두 권의 책으로 되어 있다. 남자 주인공 쥰세이는 피렌체에서 고미술 복원을 공부하고 있다. 여주인공 아오이는 밀라노의 작은 보석 상점에서 일하고 있다. 아오이는 밀라노에서 태어나고 자랐는데, 대학시절 도쿄로 유학을 가서 쥰세이를 만났고 연인이 되었다. 사귀는 동안 두 남녀는 10년 후 연인들의 성소인 피렌체의 두오모

폰테 베키오에 덕지덕지 붙어 있는 비정형의 기생적 더부살이의 건축들 ⓒ최우용

에서 만나기를 약속한다. 그리고 그들은 혼혈인 아오이를 못마땅해 하는 쥰세이 아버지의 개입으로 이별하게 된다. 그러나 10년의 시간을 건너 쥰세이와 아오이는 10년 전 약속의 장소인 피렌체 두오모의 쿠폴라에서 재회한다.

영화 〈열정과 냉정 사이〉에는 쥰세이가 사는 피렌체의 모습이 잔잔하고 선명하게 그려져 있다. 중세에 만들어진 구불거리는 골목과 그 골목길을 품고 있는 고풍스럽고 오래된 건축물들이 보여주는 시간의 흔적은 차분하고 낭만적이다.

미켈란젤로 광장에 오르면 피렌체 시가지가 벼락치듯 펼쳐진다. ©최우용

나는 지하철이 있는 밀라노와 지하철이 없는 피렌체를 같은 시기에 여행했다. 어쩌면 이 차이 때문에 쥰세이와 아오이가 밀라노가 아닌 피렌체에서 재회했는지 모르겠다. 밀라노 또한 역사적 흔적으로 가득한 곳이지만 지하철이 다닐 수 없는 피렌체의 구불거리는 중세적 감성, 그 낭만적 정취를 밀라노가 넘어설 수는 없다고 생각했다.

우연과 부딪치고 시간과 만나는 도시

피렌체나 시에나^{Siena}, 산 지미냐노$^{San Giminano}$ 또는 아헨^{Achen}, 그라츠^{Graz} 같은 유럽 중세 도시의 길을 걷다보면 우연과 부딪히고 시간과 만

이탈리아 산지미냐노의 길 ©최우용

나게 된다. 목적 지향적이기보다 과정 지향적이라고 할 수 있을 터인데, 그래서 이런 도시에서의 삶은 느릴 '것이다'. 나는 시간의 흔적이 쉽게 지워져 가는 서울에 붙박인 삶을 살아가는, 언제나 그곳으로 돌아가야 하는 뜨내기 여행객이기에 여행지의 미적지근하고 깊숙한 곳을 보지 못하기에 '것이다'라고 말할 수밖에 없다. 그러나 내가 확실히 말할 수 있는 것은, 느리게 사는 삶에서 뒤를 돌아볼 수 있다는 것이다. 뒤를 돌아볼 때 우리는 내가 누구인지를 생각할 수 있게 될 것이며, 자기를 돌아보는 시선 속에서 지속 가능한 내일을 생각할 수 있는 지혜를 얻게 될 것이다.

나는 내가 함부로 내뱉은 '과정 지향적' 도시에서 살아가고픈 생각에 골몰한다. 그러기 위해서는 그런 도시로 이사를 가든지 아니면 그런 도시를 만들든지. 전자는 현실적으로 가능한 일일 수 있고, 후자는 그보다 비현실적으로 느껴지지만 일상의 삶을 근근이 꾸리는 가난하고 무력한 직장인에게는 어차피 사실 둘 다 비현실적인 일처럼 느껴진다. 그러나 난 어쩔 수 없이 주변 사람들에게 또 찡얼거린다. 과정 지향적 도시, 그 감성과 낭만으로 습윤하며 나를 돌아보고 또 지속 가능한 내일을 생각할 수 있는 낭만적 도시에 살고 싶다고.

5

건축가의 눈으로

: 건축, 건축가 또는 디자이너

서울 중구 원서동에는 김수근의 대표작이자 한국의 가장 유명한 건축물인 '공간' 사옥이 있다. ©뉴스뱅크

김수근, 한국의 마이케나스, 서울의 로렌초

가이우스 마이케나스 그리고 로렌초 데 메디치

김수근의 이야기를 하기 전, 두 인물 이야기 먼저.

2천 년 전, 가이우스 마이케나스^{Gaius Maecenas}라는 사람이 있었다. 아우구스투스가 옥타비아누스였던 시절, 아그리파가 옥타비아누스의 오른팔이자 주먹이었다면 마이케나스는 그의 왼팔이자 머리였다. 아그리파가 칼을 차고 적진을 향해 아수라의 모습으로 돌진할 때, 마이케나스는 붓을 든 온화한 얼굴로 외교 문서 따위로 적과 대면했다. 마이케나스는 옥타비아누스가 제2차 삼두정치를 갈무리하고 드디어 '숭고한 자'인 아우구스투스^{Augustus}가 되자 문화공보부장관쯤에 해당하는 역할을 한다.

신생新生한 정권의 문화적 향기를 홍보하는 것. 이것이 그에게는 가장 중요한 임무였다. 그는 베르길리우스나 호라티우스 같은 문화예술인들을 후원하며 '팍스 로마나Pax Romana'라는 문화적 성과를 길어올린다 오늘날 문화예술 후원을 뜻하는 프랑스어 '메세나Mecenat'라는 단어는 그의 이름에서 유래하였다.

500년 전 즈음, 로렌초 데 메디치Lorenzo di Piero de' Medici라는 인물이 있었다. 그는 도시 피렌체의 전성기 이끌었던 메디치가의 가장 영웅적인 인물이었다. 피에로 메디치의 장남으로 태어난 로렌초 데 메디치는 병약한 아버지와는 다르게 활달하고 유쾌하며 결단력이 있었다. 약관의 나이에 피렌체 공화국의 지배자 자리에 오른 그를 피렌체인들은 '위대한 자'를 뜻하는 '일 마니피코Magnifico'라고 불렀다.

이 인물은 문화예술 후원을 정치의 틀 안에서 베풀었다. 그가 피렌체 사람들의 절대적 지지를 받은 데는 문화예술에 대한 그의 지지가 큰 몫을 했다. 그는 보티첼리, 베로키오, 레오나르도 다 빈치, 미켈란젤로와 같은 예술가들을 발굴하거나 후원하여 문화부흥을 일으키며 이탈리아 르네상스의 탄생을 이끌어내는 데 결정적인 역할을 하였다.

김수근은 서울의 로렌초인가

이제 문화예술인 김수근의 이야기를 이어간다. 우리에게 한국을 대표하는 건축가가 누구인가, 라고 질문한다면 단연코 '김수근'을 꼽을 것이다. 김수근만큼 우리 건축계에 크나큰 발자취를 남긴 건축가가 드물기 때문이다. 그러나 그의 영향력은 건축뿐 아니라 척박하고 어두웠던 한국 문화예술계에 폭넓게 걸쳐 있다. 사물놀이패 김덕수와 '병신춤'으로 유명한 공옥진 등 당시 음지에서 예술 활동을 하던 이들을 양지로 끌어낸 이가 바로 김수근이다. 이런 그를 미국의《타임》지는 '한국의 가장 경탄할 만한 건축가'로 소개하며 '서울의 로렌초'라고 평가했다.

고대 서방 세계에 팍스 로마나를 안착시키는 데 지대한 공헌을 한 마이케나스와 이탈리아 피렌체를 이끌며 르네상스의 찬란한 꽃을 피웠던 로렌초 데 메디치. 은수저를 입에 물고 태어난 그들과 달리 김수근은 그저 변변찮은 범부이자 직업인이었다. 이런 그이기에 '서울의 로렌초'라는 수사는 어쩌면 그에게 적당하지 않을지 모른다.

정치적 선전을 위한 문화예술 후원은 세련되고 또 어쩌면 기만적인 전략으로, 후원자 이해의 그물에 걸려 있는 문화예술인들이 그 그물코에서 자유롭지 못할 것은 분명하다. '정치'와는 무관했던 떠돌이 베르길리우스가 로마 '건국'에 대한 이야기를 담은 『아이네이스^{Aineis}』를 쓰고, 공화주의자(이들은 당연히 독재적인 1인의 지배를 거부했다!)였던 호라티우스가 '황제'인 아우구스투스의 정책에 공명하는 시를 썼던 것도 이 그물과 무관하지 않을 것이다. 노골적인 정치적 선전에서는 자유로웠지만 메디치가*의 문화 홍보 전략의 가장 큰 수혜자였던 레오나르도 다 빈치나 미켈란젤로는 그들 존재 자체가 메디치가의 가장 효과적인 아웃풋이었다.

사정이 이러하기에 문화예술인 김수근의 문화적 발자취는, 정치인 마이케나스나 로렌초 데 메디치에 비해, 덜 넓지만 깊고 건강하다. 1970년대 후반 대한민국은 근대화와 경제발전을 목표로 한 치의 여유 없이 앞만 보고 달리던 부박한 속도전의 사회였다. 문화예술은 그 장르에 따라 판이하게 대우 혹은 취급을 받았다. 근대화의 표석이었던 서구 문화는 세련되고 우아하며 추앙받아 마땅한 동경의 대상이었던 데 반해 면면히 이어온 우리 고유의 문화는 촌스럽고 투박하며 돌아보기 마땅치 않은 문화가 되어버렸다. 그러나 그런 상황에서 김수근은 후자에 주목했다. 이는 그의 건축관과 무관하지 않다.

'네거티비즘negativism'이라 불리는 그의 건축관은 동양적 가치관에 뿌리를 두고 있다. '기소불욕 물시어인己所不欲 勿施於人', 남이 너에게 하지 않기를 바라는 일을 너도 남에게 하지 말라. 그는 이 공생적 가치관으로 세상과 건축을 바라보고자 했다.

서울 중구 원서동에는 김수근의 대표작이자 한국의 가장 유명한 건축물인 '공간' 사옥이 있다. 이 건물은 건축주와 건축가가 동일하

문화예술인 김수근. 그가 남긴 자국은 깊다. ⓒ최우용

다. 건축주도 김수근, 건축가도 김수근이다. 살고자 하는 자가 직접 지은 집이기에 그는 이 건축물에 자신의 많은 생각을 담을 수 있었다. 이 건물 지하에는 '공간사랑'이라는 소극장이 있다. 이 소극장은 단순한 물리적 공간을 넘어 대한민국 문화 요람의 산실로 알려져 있는데, 앞서 말한 공옥진은 1978년에 이곳에서 발표한 독특한 1인 창무극으로 언론의 관심을 받기 시작했으며, 같은 해 김덕수 역시 사물놀이패를 창단하고 이곳에서 초연을 가졌다. 이후 많은 문화예술인들이 이 소극장에서 싹을 틔웠는데, 그 뒤에는 김수근이 있었다.

문화예술인 김수근이 없었더라면 도시내기 우리들은 사물놀이의 신명을 아주 늦게야 알게 되었을지도 모르고, '창무극唱舞劇'이라는 단어는 국어사전에 등재되지 못했을지도 모른다. 주목받지 못하고 홀대받는 것들에 보여준 그의 관심과 애정은 척박했던 우리 문화예술계의 층위를 두텁게 해주었다.

인천상륙작전 기념관의 긴장된 오름의 공간,
시선의 끝에는 하늘의 한 점으로 소실되는 자유수호의 탑이 있다. ©최우용

건축가 김수근의 암闇, 남영동 대공분실
그리고 인천상륙작전 기념관

베블런재가 된 건축

동굴의 어둠을 헤치고 나온 우리의 선조들은 정처 없는 삶을 마무리 짓고 한곳에 정주하기 시작한다. 씨를 뿌리고 곡식을 얻을 수 있게 된 지혜는 우리 인류에게 땅에 굳건히 서 있는 건축의 역사를 열게 한다. 생존을 위한 수렵과 채집의 약탈적 경제 행위에서 벗어나 스스로 땅을 일구어 입을 건사할 수 있게 되자 그 대견한 땅을 매일 일구기 위해 정주의 집을 만들게 된 것이다.

그런데! 인류는 다시 약탈적 경제 행위에 발을 내딛는다. 스스로 땅에 몸을 갈아가며 만들어내는 생산 활동보다 생산자들을 겁박하고 죽여가며 빼앗는 일이 더욱 효과적인 경제 행위임을 알게 된 것이다. 그 지난하고 피곤한 일상의 생산적 노동은 천한 사람들의 몫이 되었고, 말을 달리고 칼을 휘두르는 정복은 위대한 자들의 과업이 되었다. 또한 이 정복자들의 집은 이제 땅을 일구기 위한 질박한 집이 아닌 과시하기 위한 화려하고 위엄이 서린 집이 되어간다.

여기까지는 소스타인 베블런^{Thorstein Veblen}의 『유한계급론^{The Theory of the Leisure Class}』 본문 초반의 내용에 건축 이야기를 끼워 넣은 것이다. 베블런이 말하는 유한계급은 시간의 여유^餘가 있어^有 한가한 계층(계급)을 말한다. 그들은 생산적 노동에 종사하지 않으며, 오로지 과시를 위한 비생산적 소비 활동에 골몰한다. 그들의 '유한^{有閑}'은 노동을 통한 생산에 종사하는 '무한^{無閑}'계급보다 우위에 있는 역사적 사회적 또는 경제적 힘에 근거한다. 과거 왕족 혹은 귀족 등이 이러한 유한계급에 해당하며, 오늘날에는 자본가와 권력자들이 그러한 계급에 해당한다고 볼 수 있다.

건축이 베블런재^{Veblen Goods, 과시적 소비를 위한 재화}가 될 수도 있는 이유는 다음과 같다. 건축은 막대한 자금과 에너지가 동원되는 일이다. 그리고 태생적으로 갖고 있는 그 물리적 크기의 거대함과 다양한 물성의 화려함은 과시적 소비를 보여주기에 효과적이다. 그렇기에 과시적 건축물들은 정치의 최일선에 동원된다. 크기로 압도하고 빈틈없는 좌우대칭의 권위 등을 통해 과시적 위용을 뽐내는 데에 건축만 한 것이 또 없기 때문이다. 이 지점에서 정치와 과시재^{誇示財}로서의 건축이 조우한다. 건축이 정치적 목적에 의해 베블런재로 편입되는 지점이다. 고대 로마 황제 트라야누스에 종사했던 아폴로도로스^{Apollodoros}, 영국 조지 4세의 전임 건축가였던 존 내시$^{John\ Nash,\ 1752~1835}$, 히틀러의 생각을 건축물로 번안한 알베르트 슈페어$^{Albert\ Speer,\ 1905~1981}$가 그 과정과 관계를 또렷이 보여준다.

건축입국과 건축가 김수근

이제 대한민국 그 격동의 시간으로 눈을 돌려본다. 김수근이 국회의사당 현상 설계로 화려하게 데뷔를 한 때는 민중의 힘에 의해 자유당의 독재 정권이 막을 내린 1960년이었다. 그러나 4·19혁명$^{민중의\ 힘}$의 아득하고 모호한 주체 세력은 모래알처럼 흩어지고 그 자리를 5.16정변 세력$^{쿠데타\ 세력}$들이 차지하자 우리나라는 본격적인 근대화와 더불어 정당성이 취약하기 짝이 없는 정권에 의해 모든 것들이 통제당하는 컴컴한 어둠의 시대를 맞이하게 된다. 건축가 김수근의 국회의사당 현상 설계 당선안도 이 폭압적 정권에 의해 폐기된다.

박정희 정권은 보여줄 수 있는 모든 것을 보여줘야만 했다. 전후^{戰後} 생존의 바닥에서 허덕이는 민중들의 자유를 억압하는 대가로 물리적인 풍요로움을 느끼게 해주고 과시해야 했던 것이다. 이것이야말로 박정희 정권의 가장 강력한 존재 기반이었다. 그중에서도 건축을 포함한 건설 행위는 특히 효과적으로 사람들을 압도할 수 있는 수단이었다. 그런 데다 '건설은 곧 국방'이라는 대립적 반공 이데올로기가 투영되면서 '건축도약기획'이라는 건설의 붐이 일어난다. 바야흐로 대한민국 건축입국^{建築立國}의 시대가 시작된다. 이 자리에

남영동 대공분실의 인간적 창과 비인간
적 창은 독특한 위계의 파사드를 만들어
내고 있다. ⓒ최우용

건축가 김수근의 흔적이 남아 있다.

　남산 산자락, 동국대 입구에 인접한 반공센터^{현 자유센터}와 그 외빈
용 숙사동으로 계획된 타워호텔은 정당성의 기초가 허약한 정권을
보호하고, '반공'이라는 정치적 이데올로기를 선전하기 위해 우뚝
하다. 두 건축물 모두 1962년 초대 중앙정보부의 수장인 김종필이
기획하고, 김수근이 설계한 것이다. 1968년, 건축가 김수근은 정부
의 대규모 건설 프로젝트를 수행하는 한국기술개발공사의 대표이
사로 취임했으며 1974년에는 그의 설계로 남영동 대공분실이 완공

되었다.

인권연대 오창익 사무국장은 대공분실에 대해 이렇게 말한다. "육중한 철문이 주는 위압감, 뒷문으로 들어가자마자 끼치는 어두운 공간의 냉기와 공포, 돌음 계단을 오르며 느끼게 되는 공간 감각의 상실과 불안감 등이 건축물에 서슬 퍼렇게 붙어 있다"고.

이 돌음 계단은 중간층을 경유하지 않고 바로 5층 조사실로 이어진다. 빙글빙글 도는 돌음 계단을 오르며 피의자는 자신의 공간적 위치를 잃고, 계속해서 이어지는 구타 속에서 자존의 끈을 놓아버렸을 것이다. 5층 조사실의 네 평 남짓한 공간에는 침대와 욕조 그리고 사방이 열린 화장실이 있다. 조사자 옆에서 똥오줌을 해결해야 되는 피의자의 수치는 사치였을 것이다. 방은 음울한 소리가 새어나가지 못하도록 금속성 흡음판이 벽면을 덮고 있으며, 사람 머리통 하나 들어가지 못할 가느다란 창이 나 있다. 피의자가 아닌 조사관들을 위한 최소한의 환기창이었을 것이다. 빛 한 줄기 제대로 들지 않는 이곳에서 피의자는 시간의 감각마저 놓아버렸을 것이다. 반면 5층 위아래 조사관들이 사용하는 층의 창은 큼직하다. 이러한 대조 즉 비인간적 창과 인간적 창은 건축물의 정면 파사드에 독특한 위계를 부여하고 있다.

이 모든 공간을 잘 들여다보면, 우연히 만들어진 공간을 사용자가 기막히게 활용했다기보다 공간 감성에 탁월한 이해력을 갖춘 설계자가 필요했을 것이다. 1987년, 이곳 5층 조사실 509호에서 대학생 박종철은 고문으로 생을 마감한다. 한 인간의 존엄과 생명이 '탁'

인천상륙작전 기념관 전경 ©최우용

과 '억' 두 글자로 정리했되었던 그 공간은 차가운 벽으로 막혀 있
는 작고 음습한 공간이었다.

　내가 사는 곳은 인천 연수구 옥련동 635번지다. 집에서 10분만
걸어가면 옥련동 525번지에 닿는다. 이곳은 인천상륙작전 기념관이
다. 인천상륙작전의 성공으로 대한민국은 자유민주주의 국가로 편
입될 수 있었다. 그리고 이 사실, 즉 인천상륙작전을 통한 자유민주

주의 국가로의 편입은 박정희 독재정권의 반공의 정치 이데올로기를 가장 효과적이고 핵심적인 정치 수법으로 학습한 신군부 전두환 정권의 가장 가치 있는 역사적 장면이기도 하다. 그래서 제5공화국 정치 군인 또는 군인 정치꾼들은 인천상륙작전 '기념관'을 세우기로 한다.

이 기념관은 건축가 김수근의 설계로 시비市費 28억 원과 시민성금 15억 원을 동원*하여 1984년에 완공되었다.

김수근은 인천상륙작전의 기념비적 상징 효과를 위해 드라마틱한 입구와 엄정한 좌우대칭의 형태를 구상한다. 거대한 반원형 아치에 돈을 새겨진 호국 용사들의 부조 밑을 지나면 성인 남성 한 명이 겨우 올라갈 수 있을 정도의 좁고 깊은 계단이 시작된다. 이 협소하고 긴장된 오름의 공간, 그 시선의 끝에는 하늘의 한 점으로 소실되는 자유수호의 탑과 이를 지키는 3인의 국군 용사가 있다. 이 용사들의 처절한 호국의 몸부림을 목표로 열심히 올라가면 벼락이 치듯 갑작스럽게 전시관에 해당하는 평지의 층에 닿는다. 이 공간의 전이는 수직의 협소한 공간을 돌파한 후 맞이하는 커다란 수평 공간의 안도감과 같다. 이 안도의 공간에서 마음을 가다듬고 다시 한 번 계단을 지나면 자유수호의 탑에 도달한다. 이 드라마틱한 동

---

* 당시 명목은 '모금'이었겠으나 반공을 신성 불가해한 지고의 가치로 신봉한 신군부는 아무것도 모르는 아이들의 코 묻은 돈까지 걷어갔다. 이것은 모금은 아니다. '동원(動員)'이라는 표현이 격에 맞을 것이다. 내 코 묻은 돈도 이에 동원되었으며, 나를 포함한 인천의 꼬마들은 '소풍'이라는 이름으로 툭하면 인천상륙작전 기념관으로 동원되었다. 아! 동원의 역사!

건축가 김수근의 암(暗), 남영동 대공분실 그리고 인천상륙작전 기념관

이 협소하고 긴장된 오름의 공간, 그 시선의 끝에는 하늘의 한 점으로 소실되는 자유수호의 탑과
이를 지키는 3인의 국군 용사가 있다. ⓒ최우용

선의 전개는 김수근이라는 건축가의 대단히 탁월한 공간적 감성을 보여준다. 그리고 이 수평의 공간에 서면 한눈에 들어오는 인천 앞바다의 풍광은 상륙작전 당시 노도와 같이 밀려들던 군인들의 모습을 떠올리게 한다.

그러나 이 유혹적인 건축은 왠지 불편하다. 청량산의 산세를 의식한 것 같은 편안한 삼각형의 좌우대칭도 그저 작은 위안에 그친다. 피를 뿌리며 집권한 정권이 정치적으로 조준하고 있는 그곳에 기념관 건축의 영웅적 서사의 시퀀스가 겹쳐 보이기 때문이다.

시대는 바뀌어도 건축은 그 자리에

전설적 건축가와 그의 건축에 부정의 글을 끼적이는 것은 땀나는 일이며 불경일지 모른다. 그러나 '건축물을 어떻게 지을 것인가' 보다 '그 건축물을 왜 짓는가' 하는 물음이 먼저다. 당연하다. 그것이 먼저다. 그러나 그것은 건축가가 해결할 수 없는 문제이기도 하다. 왜 짓는가를 결정하는 것은 건축가의 몫이 아니기 때문이다. 이 점에 대해 건축가들은 무력하다. 그러나 건축하는 이들이 이 문제를 비껴가면 안 되는 이유는, 그들도 건축가이기 이전에 역사를 살아가고 있는 한 사람의 역사적 존재인 까닭이다. 자본과 권력에 눈을 감는 세상이 면죄부가 될 수는 없다. 현실에 찍하고 달라붙어 살아가는 세상에서 완벽한 가치중립을 이야기하는 것은 꿈일지 모른다.

건축에서 '건축적 가치'만을 시대와 떨어뜨려 온전히 말할 수 없다. 시대는 바뀌어도 건축은 서 있다. 그리고 그 건축에 붙어 있는 시간의 역사를 완벽히 탈색시킬 수는 없을 것이다. 건축과 도시를 도덕적으로 긴장시켜야 하는 것도 결국 건축인들을 포함한 우리 모두의 몫이다. 비껴갈 수 없다.

우리는 사실의 바탕 위에서만 화해하거나 청산할 수 있다. 화해할 수 없는 대목이 있을 것이다. 수없이 많을 것이다. 그러나 불화와 단죄조차도 사실의 바탕에 입각할 수밖에 없다. 마침내 화해할 수 없는 것들과의 불화는 역사를 도덕적으로 긴장시켜 줄 수 있다. 그리고 치욕의 역사를 부정하려는 사람들에 의하여 불화는 더욱 깊어져가고 있다.

—『밥벌이의 지겨움』, 김훈

훈데르트바서 공동주택 전경 ⓒ 최우용

건축의 합리주의에 대항하는 곰팡이 성명서, 훈데르트바서

빈, 제체치온, 아돌프 로스

독일 중남부 검은 숲에서 발원한 도나우 강은 유럽 대륙의 남동부를 관통하여 흘러간다. 2,800킬로미터를 자유 사행한 국제 하천은 루마니아와 우크라이나 국경 근처에서 삼각주를 형성하며 흑해에서 소멸한다. 그 흐름은 독일을 시작으로 오스트리아, 슬로바키아, 헝가리, 크로아티아, 세르비아, 불가리아, 몰도바 그리고 우크라이나와 루마니아를 품고 있다. 도나우 강은 장대하게 흐르며 중부 유럽과 발칸의 땅을 고루 적셔 곡식을 기르고 물길을 열어 물산을 이동할 수 있게 해주었다.

도나우 강이 소멸하는 흑해는 유럽의 남동부와 아시아 사이에 있는 바다다. 흑해 서부 연안에서 유럽 중심부로 파고드는 도나우 강은 무역의 중심이 되었고, 동방과 유럽의 많은 물산은 흑해로 집중되었다. 중세 이래 오스트리아 빈은 도나우 강의 물줄기에 기대어 부를 쌓아올렸다. 그리고 1440년, 유럽 최대의 왕실 가문인 합스부르크 왕가가 빈으로 들어오면서부터 제국의 수도 빈은 왕가의 정치적 권력이 발산하며 막대한 부와 세련된 문화를 더욱 집중시켰다.

그리스에서 발원한 헬레니즘과 기독교에서 연유한 헤브라이즘은 유럽 역사를 관통하고 있다. 두 문화는 서로를 넘나들고 섞이면서 상징^{symbol}과 도상^{icon} 등의 시각적 이미지를 발전시켜 나갔다. 유럽 중세의 역사는 이러한 상징과 도상으로 채워졌으며, 이때 완성되고 형식화된 이미지들은 유럽의 예술과 건축의 장식을 풍요롭게 해주었다. 부와 문화적 역량이 집중되었던 오스트리아 빈은 고전 건축의 화려한 장식으로 넘실거렸다.

상징과 도상에서 기의나 의미 같은 추상적 가치가 정형화되면 그 다음에는 상징과 도상의 시각적 이미지들에 대한 유미와 탐미가 뒤따른다. 온갖 역량을 장식에 집중한다. 빈의 숨 막히는 세련됨과 우아함은 이 장식적 현란함에 근거한다.

그런데 이 숨 막히는 고전적 장식에 반기를 든 것은 빈의 '제체시온$^{Sezession, 분리파(分離派)}$'이었다. 100여 년 전, 구스타프 클림트나 오토 바그너 같은 이들은 고전적 장식에서 '분리된' 근대화된 세상을 구원할 새로운 예술을 꿈꿨다.

제체시온은 건축을 포함하는 예술 운동이었다. 오토 바그너^{Otto}

제체시온관 전경 ⓒ최우용

루스하우스 전경 ⓒ최우용

Wagner, 1841~1918는 아르누보를 태동시켰으며, 그에게 사사한 요제프 마
리아 올브리히Joseph Maria Olbrich, 1867~ 1908는 빈의 제체시온관을 설계했다.
그들은 건축의 고전적 질서에 회의의 눈빛을 보내며 근대적 시대정
신에 근거한 실용적이고 합리적인 건축을 추구하였다. 그래서 그들

은 새로운 형태의 장식을 끌어안으려고 했다. 바그너와 올브리히의 건축에는 근대적 재료를 통한 새로운 장식 미학이 반영되었다.

이 지점에서 또 한 명의 건축가가 등장한다. 그는 아돌프 로스Adolf Loos, 1870~1933다. 체코 브루노에서 석공의 아들로 태어난 그는 독일의 건축가이며 이론가인 고트프리트 젬퍼Gottfried Semper, 1803~1879에게 영향을 받았다. 젬퍼는 선구적 인물이었다. 19세기의 시작과 더불어 태어난 그는 근대의 희미한 여명, 그 옅은 빛을 감지했다. 그가 남긴 건축은 여전히 고전적 질서 안에 놓여 있으나 그의 생각과 이론은 미래를 선구하고 있었다. 그는 건축의 장식을 의미론적 관점이 아닌 건축의 구조와 기술에 관한 관점에서 바라보았다. 젬퍼의 선구적 생각은 오토 바그너에게도, 아돌프 로스에게도 영향을 주었다.

오토 바그너가 근대적 생산 시스템에 합당한 새로운 장식 미학을 추구하였다면 아돌프 로스는 장식의 사용을 유보하는 입장이었다. 아돌프 로스는 1931년 『그럼에도 불구하고』라는 비평서를 발표했고 그 안에는 근대 건축의 상징적 경구가 되어버린 '장식과 범죄Ornament und Verbrechen'라는 글이 실려 있었다. 그는 화려한 고전적 장식과 제체시온이 추구하던 아르누보의 장식 모두를 거부하고, 건축 구조 덩어리 그 자체에서 뿜어 나오는 양감이나 근대적 재료가 발산하는 재료의 온전한 질감 등을 통한 새로운 건축 미학을 추구하였다. 화려한 빈의 거리에 있는 아돌프 로스의 단출한 건축은 그래서 생경스럽다.

건축의 합리주의에 대항하는 곰팡이 선언서, 훈데르트바서

훈데르트바서, 근현대 건축의 맞은편에 서서

아돌프 로스가 운명하기 5년 전, 오스트리아 빈에서 또 한 사람이 태어났다. 프리덴슈라이히 훈데르트바서^{Friedensreich Hundertwasser, 1928~2000}는 건축가이며 환경운동가이고 또 화가이기도 하다. 건축가로서 훈데르트바서는 독특한 위치에 있다. 치기 어린 건축의 화장술로 근대적 정숙함에 익숙한 노회한 건축가들에게는 경멸의 대상이기도 하며, 같은 이유로 젊은 건축가들이나 일반인들에게는 호기심의 대상이기도 하다.

우아한 고전 건축물들과 제체시온의 건축물들 그리고 아돌프 로스의 건축물들이 서로의 꼬리를 물며 서로를 부정하는 방식으로 건축사의 흐름을 연결하고 있다면, 그 뒤에는 훈데르트바서의 건축이 또다시 구태를 부정하는 방식으로 연결되어 있다. 오토 바그너가, 또 아돌프 로스가 시대의 전위에 서서 새로운 세상을 향한 몸짓을 던졌듯이 훈데르트바서의 건축 또한 시대의 전위에 서 있었고, 그의 건축적 지향점은 오히려 지금 더 의미 있다. 20세기 중후반에 이르는 그의 건축은 합리로 대표되는 근현대 건축의 맞은편에 서서 그들에게 일갈하고 있다.

오토 바그너와 아돌프 로스 그리고 이들을 포함하는 근대 건축의 주된 건축계[※]는 근대라는 새로운 세상을 갈구하고 있었다. 그들은 과거와는 확연히 달라질 세상의 변화를 기민하게 감지했고, 그래서 새로 도래할 합리와 생산에 이론적 지향점을 두었으며 건축의 모든 것들을 건축가 1인의 완벽한 결과물로 이끌어내기 위해 노력했다. '산업화된 근대'라는 세계를 투시하고 그 방식에 합당한 건축의 모습을 도면에 투사하려 했던 이들은 기의가 빠진 기표의 순수한 미적 지형을 탐구하거나 장식을 제거한 반듯한 직선과 팽팽한 덩어리의 기능적 표준을 추구했다. 근대 이후 건축의 모습은 이러한 '합리적인' 방식으로 전개되었다. 이런 정신과 자세는 '건축물'로만 구현된 것이 아니었다. 생각의

훈데르트바서

틀과 그 틀을 받아내는 건축과 도시의 모습은 직선을 중심으로 하는 기하학적 세상으로 일변되는 동안, 사람들은 나와 다른 이들, 내가 속한 집단과 그렇지 않은 집단을 구분 짓기 위해 무수한 직선의 경계를 만들어내었다. 근대 이후 도시와 건축에는 이런 합리와 생산 그리고 표준이 만들어낸 직선이 도드라지면서 역동과 긴장으로 가득하게 되었다.

사회의 변화는 건축과 도시를 변화시키고 건축과 도시는 그 변화를 고착시킨다. 그리고 그 결과는 사회 전반에서 나타난다. 그런데 '합리적'이라고 생각했던 것들이 오늘날에 와서는 더 많은 대가를 치르고 있는 형국이니 더 이상은 합리적이라 할 수 없고, '생산적'이라고 생각하던 것들이 실은 매우 파괴적이라는 사실이 드러나고 있다. 자연은 황폐화되고 개인은 극도로 소외되고 있으며 건축은 더

건축의 합리주의에 대항하는 곰팡이 성명서, 훈데르트바서

욱 자폐적으로 변해가고 있다.

이 지점에서 훈데르트바서의 흔적은 뚜렷하고 의미 있다. 그는 어쩌면 건축계의 비주류일지 모른다. 근현대 건축을 다루는 '주된' 건축사에서 그는 아직도 이방인이다. 마치 가우디가 근대의 주류 건축사가들에게 외면당한 것처럼 훈데르트바서를 진지하게 생각하는

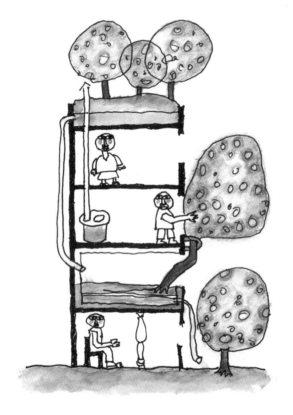

나무 세입자와 성스러운 똥과 창문에 대한 권리가 삶의 공간 속에 엉켜 있다. 필자가 다시 그려본 훈데르트바서의 그림.

오늘날의 '주류' 건축사가들을 나는 알지 못한다. 내 무지와 게으름일지도 모른다. 그러나 나는 훈데르트바서가 그의 생애를 통해 보여주었던 회화와 건축 작업들 그리고 적극적인 현실 참여, 환경 운동과 작업에 경의를 표하지 않을 수 없다.

건축의 합리주의에 대항하는 곰팡이 성명서

그는 '건축의 합리주의에 대항하는 곰팡이 성명서'에서, "기포가 생긴 곰팡이는 그 확장의 유기 법칙에 따라 구조를 발효시켜 집에 있는 직선을 폭발시킨다. 사람들은 자신만의 곰팡이를 키워야만 한다"라고 말하며 '나무 세입자(인간이 빼앗은 초목의 공간을 건축 공간을 분배하여 다시 나무[자연]에게 돌려준다)'를 말했다. 그리고 '창문에 대한 권리(거주자가 창문을 열어 자신의 팔이 닿는 만큼의 면적을 개조함으로써 그 안에 자유의지를 갖고 있는 사람이 살고 있다는 것을 보여준다)'를 주장했고, '성스러운 똥(건축물에서 정화조로 버려지는 똥을 다시 자연[나무 세입자 등에게 쓰여질 거름과 같은]으로 돌려보낸다)'의 가치를 이야기했다. 직선과 순백의 관념적 가치에 탐닉했던 근대 건축의 전범들과 그 전범들을 죽도록 짝사랑했던 근대 건축의 아류들에게, 훈데르트바서는 곰팡이의 가치로 합리와 직선이 만들어낸 표준의 간극을 파고들고 또 아프게 공격했다.

그는 직선과 직선적 사고가 만들어낸 건축과 도시, 사회가 만들어낸 결과물들이 자연 파괴와 인간 소외로 이어지고 있다고 말했다. 그래서 그의 건축은 직선을 거부했다. 아니다. 직선도 있다. 그러나 자연스러운 직선이다. 직선을 마냥 쓰지 않는 것이 아니라 안 쓸 때 안 써도 되는 당연함과 당당함에서 나온 직선이다. 그는 근대 건축이 탐닉한 순백의 미학적 가치 또한 조롱했다. 그래서 그는 자신의 건축물에 그곳에 사는 사람들의 취향을 반영했고, 심지어 그들이 직접 색을 칠하는 것에도 개의치 않았다.

또한 그는 분화된 기계적 노동 속에서 노동의 가치와 존엄성이 함몰되고 노동의 신성성이 단지 돈으로 환산되는 것을 거부했다. 그는 공사 현장에서 벽돌공들과 타일공들이 자신들의 영역 안에서 창의성을 발휘할 수 있게 조율했다. 큰 틀을 정하고 쌓는 사람과 붙이는 사람들의 미적 감각을 존중했으며 그 창조적 결과를 노동자들에게서 도출시켰다. 훈데르트바서는 노동자들에게 다만 일하는 사람이 아니라 노동의 결과에서 자신이 행한 노동의 존엄과 긍지*를 확인하게 해주었다.

나는 몇 해 전 오스트리아 빈에서 올브리히의 제체시온관과 오토 바그너의 우체국저축은행, 또 아돌프 로스의 로스 하우스와 아메리칸 바^{American Bar}도 둘러보았다. 그리고 마지막으로 훈데르트바서의 공

---

* "노동자들은 그들이 바둑판 시스템과 조립식 주택의 노예가 아니라는 사실을 깨달았다. 벽돌공들과 타일공들은 자신들의 영역 안에서 저마다 주도적인 역할을 하게 되었으며, 보다 창조적이 되었다. 노동의 존엄성이, 노동조합의 데모가 아니라 개인의 창의성 발휘로 성취된 것이다. 건축가로서의 훈데르트바서의 활동이 계속되면서 이는 사실로 입증되었다. 블루마우의 헬스 스파 빌리지와 같은 주요 작품의 건설 현장에서 노동자들은 자신들을 건축 작품과 동일시했다. 일요일이 되면 가족들을 현장에 데리고 와서 자신의 노동의 결과를 보여주곤 했다."
〈훈데르트바서(다섯 개의 피부를 지닌 화가왕)〉, 피에르 레스타니

동주택을 보러 갔다.

훈데르트바서의 공동주택은 알록달록했다. 여행객인 나는 그곳에 사는 사람들이 그 현란한 알록달록함을 어떤 감성과 의미로 받아들이고 있는지 알 수 없었다. 어쩌면 그 공격적인 현란함이 일상의 지루함을 온전히 담아낼 수 없을지도 모른다고 생각했다. 그러나 나는 훈데르트바서가 만들어낸 알록달록함이 무비판적 관성을 향해 내지르는 고함을 들을 수 있었다. 나는 훈데르트바서가 보여준 관계론적 세상 바라보기에 내 생각과 건축의 길을 잇고 싶다는 생각을 잠시 했다.

건축의 합리주의에 대항하는 곰팡이 성명서, 훈데르트바서

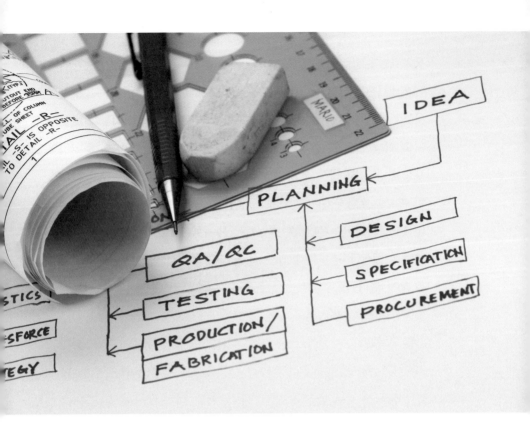

디자인은 구체적 물성을 갖고 있는 재료들을 동원하여 실용적인 무엇을 만드는 행위다. © Ragsac19 | Dreamstime.com

두 디자이너,
스티브 잡스와 빅터 파파넥

공황을 피하기 위하여 자본주의의 관리인들은 이윤율이 떨어지는 경향을 막고자 끊임없이 노력해왔다. 그들 앞에는 이 목적을 위한 두 가지 수단이 있었다. 즉 판매하는 상품의 양을 증대시키는 것과, 상품을 더욱 정교하게 만듦으로써 상품의 양이 아니라 가격(교환가치)을 올리는 것이다. 이 두 가지 수단이 서로 상충되지 않음은 말할 것도 없다. 특히 제품을 오래 쓰지 못하게 함으로써 사람들로 하여금 더욱 빈번히 물건을 다시 사게 하여 매상을 올리고 그렇게 함으로써 동시에 이들 제품을 보다 정교하고 비싸게 할 수 있게 된다.

이것이 바로 '사치성' 소비의 정체이다. 이 소비는 '자본주의'의 성장을 보증하는 것일 뿐이며, 충족의 성장과 사람들이 어느 특정한 순간에

이용할 수 있는 참으로 유용한 것('사용가치')의 증가를 보증하는 것은
아니다. 그렇기는커녕 같은 수준의 욕구의 충족을 보증하는 데는 더욱
많은 양의 제품이 필요하게 된다. 더욱 많은 양의 에너지와 노동과 원료
및 자본이 '소비'되지만, 사람들의 생활은 그다지 나아지지 않는다. 생산
은 점점 파괴적이고 소비적으로 되어간다. 제품의 파괴는 애초에 제품
자체가 구상될 때부터 포함되어 있던 것이며, 제품의 감모減耗는 계획된
것이다.

『에콜로지스트 선언』, 미셸 보스케

태초의 디자이너

태초의 인류는 모두 디자이너였다. 스스로 옷을 짓고, 밥을 짓고, 집
을 짓고 살았다. 그들은 그들에게 필요한 모든 것들을 스스로 제작

하여 사용하였다. 이런 의미에서 태초의 인류는 모두 제작 본능에 충실한 디자이너였다. 그러나 시간은 흐르고 '짓는 일'은 분화되었다. 옷을 짓는 사람과 농사를 짓는 사람과 집을 짓는 사람은 특화된 직업군을 이루었다. 그 밖에도 삶에 필요한 것들을 만드는, 무수한 제작 행위는 각각의 전문적 디자인 영역으로 나뉘었고, 그리하여 사람들은 지금까지도 다른 이들이 디자인한 제품을 선택하여 소비함으로써 삶의 실용적 행위들을 감당하며 살고 있다.

스티브 잡스

스티브 잡스Steve Jobs는 디자이너였다. 그 스스로 디자인 도구design tool를 사용하여 직접 디자인 도안을 작성하지는 않았지만 그는 21세기의 가장 '핫'한 디자이너 중 한 사람이 분명했다. 애플의 디자인은 그에 의해 태어났고 그에 의해 완성되었다. 1955년에 태어나 2011년에 생을 마감한 그는 그리 길지 않은 생을 살았지만, 그의 사후 바쳐지는 찬사는 그 길지 않은 생애와 비교되지 않는다.

스티브 잡스는 무슨 일을 했던가? 그를 심지어 신화처럼 숭상을 하는 이유는 무엇인가? 그에게 주어지는 찬사와 경의는 의심할 여지없는 사실이고 모두 그 경의를 따라야 하는가? 제2의 스티브 잡스를 갈망하는 것은 무조건 정당한가? 이런 질문들은 영웅 만들기에 바쁜 저널리즘의 속성에는 포함될 수 없는 반동적 질문이다. 그러나 이런 질문들을 해보는 것이 마냥 쓸데없는 일은 아닐 것이다.

스티브 잡스의 창의력이 일반인들의 수준을 뛰어넘는 것이었음은 분명해 보인다. 그는 다른 이들이 미처 생각하지 못했거나 또는 (이미 존재했으나) 상용화되지 못했던 새로운 방식의 인터페이스를 통해 인간과 기계 간의 경이로운 수준의 긴밀한 커뮤니케이션을 가능하게 했다. 단말기를 매개로 한 (숙련을 필요로 하는) 조작은 마우스로 아이콘을 클릭하는 간단한 방법으로 대체되었다. 그 후에는 손가락으로 화면을 건드리는 방법^{터치스크린}으로 진일보하였는데, 누름을 통해 선택을, 그러모음을 통해 축소를, 벌림을 통해 확대를 하는 등 직관적인 손가락 움직임을 통해 유저 인터페이스의 편의는 극대화되었다. 손 안에 들어오는 기계 속에 무수한 기능을 집적하고 조작의 편의를 극단적으로 높였으며 극도의 미니멀리즘으로 그 겉을 세련되게 포장했다. 그의 성공은 엔지니어나 경영인의 능력보다 디자이너의 뛰어난 안목과 선견지명에 더 큰 힘을 입었다고 할 것이다. 사용자의 욕망을 충족시키는 것을 넘어 욕망을 창조하고 조작[*]하며 그 창조되고 조작된 욕망에 부합하는 최신의 기술을 접목하는 것, 그리고 그 제품의 유통과 판매까지 독점화하는 정교한 판매 전략, 그 모든 과정이 '스티브 잡스'식 디자인의 가장 중요한 본질이라고 할 수 있다.

---

* 장 보드리야르에 따르면 현대 사회에서 인간은 제품의 사용 가치(고유 가치), 즉 그 제품 고유의 유용성과 실용성만을 소비하는 것이 아니다. 자본주의의 산업화가 쏟아내는 과잉 생산의 시대에서 인간은 제품의 '기호'나 '이미지', 즉 기호 가치를 소비하며 자신의 '정체성'을 획득한다고 믿게 되었다. 그래서 소비 사회에서는 (사용 가치와는 무관하게) 기호나 이미지 그리고 그것들을 이용한 광고를 통해 불필요한 욕망이 창조되고, 심지어 조작되기까지도 한다.

그러나! 이 욕망에 대한 갈급과 그 갈급을 해갈하는 '스티브 잡스'식 디자인에는 현대 생활 방식의 깊은 곳을 뒤돌아 볼 수 있는 반성적 시선 같은 것은 당연히 포함되어 있지 않다. 그의 디자인^{만드}^{는 방식}은 소비의 욕망을 긴박하게 추동시키지만 그것이 삶의 어떤 정신적 가치를 건드리는지에 대해서는 고민하지 않으며, 그의 제품(디자인한 물리적인 결과물)이 어떤 (물리적인) 순환의 여정을 거쳐 어떤 종국을 맞이하는지를 말하지 않는다.

다시 말해서, 아이폰을 들고 길을 가면서도 무엇인가를 끊임없이 자극받아야 하는 인간의 뇌에 대한 사회적·윤리적 책임은 고려할 대상이 아니며 아이폰4를 팔아야 하는 입장에서 아이폰3가 어떤 방식으로 버려지고 또 폐기되는지도 논의할 사항이 아니다. 아이폰 시리즈는 전작의 감모를 통한 계획적 폐기[*]가 후속작의 중요한 디자인 요소 중 하나이며, 그 폐기 뒤에 감춰져 있는 자원의 순환은

---

* 계획적 폐기-후기산업사회 이후 생겨난 개념으로 소비 주기를 짧게 하여 반복적인 소비가 이뤄지게끔, 제품의 구상 및 계획 그리고 디자인의 전 과정에서 일부러 성능을 제한하거나 내구성을 약하게 하는 것 등을 말한다. 참고로 다음을 인용한다.
"…이와 동시에 제품의 수명 또한 인위적으로 줄였다. 특히 나일론에는 내구성을 떨어뜨리는 처리를 했다. 소위 영구적인 재화는 평균 수명이 7년을 넘어가지 않게 하는 방법이 연구되었다. 수많은 기계들이 고장이 나도 수리가 불가능하도록 고안되었다. 대부분의 양철에는 부식에 견딜 수 있는 처리를 하지 않거나 한다 해도 불충분하게 했다. 냉장고는 절연 성능을 떨어뜨려서 15년 전에 비해 전력 소비량이 2배가 더 늘어났다. 세탁기는 필요치보다도 3배가 더 많은 전력을 소비하게, 그리고 더 빨리 옷감이 손상되게 만들었다.
자본주의는 이런 식으로 낭비를 부추겨 소비량을 (그리고 생산량을) 어마어마하게 늘림으로써, 점점 더 거대해지는 자본으로부터 수익을 끌어낼 수 있었다. 이런 식으로 재화량이 증대했지만, 종종 소비자에게 이는 사기나 다름없었다. 동일한 사용가치를 누리기 위해서 좀 더 큰 규모의 재화량을 구입해야 하기 때문이다…" 『에콜로지카』 중 「파괴적 성장과 생산적 탈성장」, 앙드레 고르

고려될 디자인 요소가 아니다. '스티브 잡스'식 디자인은 몽유병 환자처럼 세상의 모서리를 향해 달려가는 관성에 속력을 높이는 가속기 역할에 충실하다.

빅터 파파넥

스티브 잡스와 동시대를 살았던 또 한 명의 디자이너가 있다. 그의 이름은 빅터 파파넥Victor Papanek이다. 그는 스티브 잡스보다 훨씬 더 적극적이고 직접적인 디자인을 추구했다. 그는 장난감도 만들고 시설물도 만들었으며 때로는 건축물도 만들었다.

1927년 오스트리아 빈에서 태어나 뉴욕 쿠퍼유니온에서 디자인 및 건축을 전공한 뒤 메사추세츠 공과대학MIT 대학원에서 디자인을 전공한 그는 1981년 이후 캔자스 대학교 건축도시디자인학부 종신교수로 재직하다가 1998년에 생을 마감했다.

그는 1949년 탈리에신 웨스트Taliesen West에서 건축가 프랭크 로이드 라이트Frank Lloyd Wright에게서 자신이 지향해야 할 디자인의 방향을 구체화할 수 있었다. 건축인 양성을 목적으로 세워진 탈리에신 웨스트는 애리조나의 거친 자연환경 속에서 라이트와 그의 제자들이 직접 설계와 시공을 감당했는데, 이곳은 땅으로 내리꽂히는 작렬하는 태양과 황량한 벌판 그리고 돌덩이와 비쩍 마른 풀무더기가 전부인 곳이었다. 이곳에서 그들은 그곳에서 동원할 수 있는 한정된 자연의 재료를 사용하여 애리조나의 자연환경에 조응하는 드라마틱한 건축물을 만들었다. 이때의 경험은 그의 건축과 디자인에 깊

은 영향을 주었다.

그의 디자인은 '상품성'이 있는 '창의적' 제품을 만들기보다 현실에 단단히 뿌리내릴 수 있고 순환 가능하며 지속 가능한 '회귀적' 제품을 목표로 했다. 무엇으로 회귀하는가? 그는 대체로 토속 건축물에 주목하거나 이누잇족 등 제3세계 국가의 사람들이 산업화 이전까지 발전시켰던 전통적인 디자인 방식에 주목했다. 이런 토속 건축물 또는 전통적인 디자인은 삶 속에서 우러나온 것이며, 때로는 생산자와 소비자가 일치하는 경우도 많았다. 필요한 사람이 직접 만들어 사용하는 경우를 말하는데, 이런 디자인은 그저 가난했기에 그렇게 만들어진 것이 아니라, 창작 행위를 통한 생산의 기쁨과 유용함 그리고 지속성을 추구하며 만들어졌다. 이렇게 만들어진 것들은 제작의 기쁨을 주며 실용적이며 내구성이 높다. 파파넥은 이런 디자인 방식으로 회귀하고자 하기 때문에 그가 디자인한 제품들은 튼튼하며 수리하기 쉽고, (완제품이 아닌) 반제품 상태로 판매

되어 소비자에게 만드는 즐거움과 작동 원리 또한 습득할 수 있게 해주기도 한다.

그래서 파파넥의 디자인은 소비 자본주의 사회에서는 반영되기 힘들다. 파파넥이 디자인한 제품을 구매한 사람들의 높은 만족도와 내구성 때문에 새로운 제품을 구매하기까지 많은 시간이 걸리기 때문이다. 파파넥은 계획적 폐기라는 현대 산업 디자인의 근본적 모순을 몹시 불편해했다. 그래서 그는 제품 디자인에서 불필요한 감모를 제거했으며, 그로써 계획적 폐기의 영악한, 그러나 매우 파괴적이고 비지속적인 판매 전략을 공격했다. 그는 이를 위해 '디자인의 정신성'을 이야기했으며 '편리함'에 대한 근본적 문제를 제기하고 '구입이 아닌 공동 소유'를 이야기했다. 그리고 '다가올 세대'를 위한 '새로운 미학'을 구상했다.[†]

그는 디자인의 '부단한 발전에 개인적 공동체적 자율성을 종속시키는 대신에', 디자인을 '개인적 공동체적 자율성의 부단한 발전에 종속시키는 데' 주력했다. 그래서 파파넥의 디자인은 회귀적이나 오히려 진보적일 수 있다.[††]

에콜로지스트 선언 그리고 디자인의 책임

미셸 보스케는 1978년 '에콜로지스트 선언'을 발표했다. 미셸 보스

[†] 〈녹색위기 The Green Imperative〉, 빅터 파파넥
[††] 『에콜로지스트 선언』, 미셸 보스케

케는 앙드레 고르의 필명이다. 내용은 명료하다. 그는 이 메니페스토에서 유한한 자원을 기술로 극복할 수 있다는 주장의 허구성을 논리적으로 공격했으며, 끝없는 과잉 생산과 과소비로 추동되는 임계점에 다다른 자본주의의 붕괴를 예견했다. 그리고 그에 대응하는 새로운 삶의 방식을 이야기했다.

이 글을 쓰고 있는 나는 사회주의자인가? 나는 그래서 좌익용공이고 친북하는가? 그게 아니라면 나는 천진한 이상론자인가? 극단적인 비관론자인가? 모두 아니다. 나는 사회주의가 몰락하던 80년대에는 뭣도 모르는 어린아이였으며, 좌익용공과 친북이라는 용어의 극우적 주홍글씨를 경계하고 혐오한다. 나는 현실이 고단함을 알고 있는 나름의 현실주의자이며, 오늘의 삶을 긍정하고픈 낙관론자이다. 나는 다만 내 초로에 맞이하게 될 격변의 사실적 예측이 두려울 뿐이다.

지구는 점점 더 뜨거워지고 있으며 천연자원은 이제 바닥을 드러내고 있다. 성장을 목표로 달려가는 자본주의는 그 관성의 힘으로 아직도 질주하고 있으나 뒤돌아보기를 주저한다. 이 시장을 신봉하는 스프린터들은 여전히 고전 경제학의 테두리에서 시장을 신성시하지만 고전 물리학에서 유래한 열역학 제2법칙은 무시한다. 만드는 방식(생산 방식)과 쓰는 방식(소비 방식)은 둘이 아니다. 시장의 보이지 않는 손이 작용하는 것은 물질적 테두리(소비와 공급)이나 그 가정과 전제는 (가용)자원의 무한정한 채취와 순환을 근거로 하는 비현실적인 관념의 테두리 안에서 이루어진다. 따라서 신성한

두 디자이너, 스티브 잡스와 빅터 파파넥

시장은 지속될 수 없다. 왜냐하면 당연히 자원은 유한하지도 않을 뿐더러 오늘의 생산 방식은 순환의 과정을 고려하고 있지 않으며, 써서 없애버릴 수는 있으나 다시 쓸 수는 없는 비가역의 테두리 안에서 디자인과 삶의 방식이 이루어지고 있기 때문이다.

에콜로지스트 선언은 명료하다. 나는 이 살려내는 삶에 집중하는 순전한 글을 요약할 능력이 없다. 해서 결론에 해당하는 '일곱 개의 테제' 중 처음 세 개의 테제 전문을 인용하는 것으로 글을 마무리하겠다.

첫째, 현대 자본주의의 위기의 원인은 생산능력의 과잉 발전 및 극복하기 어려운 희소성을 만들어내는 현대 기술의 파괴성에 있다. 이 위기는 오직 새로운 생산양식에 의해서만 지양될 수 있다. 이 새로운 생산양식은 경제적 합리성과 절연하여 재생 가능한 자원의 절약 및 에너지와 원료 소비의 감소에 근거한 것이어야 한다.

둘째, 경제적 합리성의 지양과 물질적 소비의 감소는 기술 파시즘적인 타율적 통제에 의해서도 또한 공생적인 자주조정에 의해서도 실현될 수 있다. 그러나 기술 파시즘은 오직 시민사회의 확대로써만 회피될 수 있을 것이다. 이러한 시민사회의 확대를 위해서는 기초공동체의 주권의 증대를 가능케 하는 기술용구의 채용이 전제되어야 한다.

셋째, '보다 많이'와 '보다 나은' 사이의 관계는 단절되어버렸다. '보다 나은' 것은 보다 '적은 것'을 가지고 획득할 수 있다. 만인이 그것을 손에 넣어도, 극복할 수 없는 공해와 희소성을 낳지 않으며 보다 내구적인 물품을 생산하기만 한다면, 사람들은 보다 적게 일하고 보다 적게 소비함으로써 보다 잘 살 수 있는 것이다. '만인이 향유할 때 누구에게도 쓸모가 있는 것만이 사회적으로 생산될 가치가 있으며, 그 역(逆)도 또한 성립한다.'

디자인은 구체적 물성을 갖고 있는 재료들을 동원하여 실용적인 무엇을 만드는 행위다. 그래서 디자인은 목적 지향적이며, 관념에 그치지 않고 실체적인 것으로 연결된다. 디자인은 현실에 딱 달라붙어 있는 것으로써 삶의 방식을 적나라하게 보여준다. 따라서 유한한 자원을 사용하여 필요한 무엇을 만드는 행위(디자인 생산)와 그것들을 선택하는 행위(디자인 소비)는 사회적 · 윤리적인 책임에서 비껴갈 수 없다.

시간의 공간,
〈나의 건축가〉 그리고 나의 문경새재

문경새재는 길이다. 새도 넘기 힘든 고개라 하여 조령鳥嶺이라고도 한다. 조선시대의 영남대로는 영남에서 기호로 가는 주요한 간선도로였는데, 그중에서도 문경새재 길은 가장 중요한 길이었다. 그래서 이 길은 한양으로 진군하는 왜군의 이야기와 과거를 보러 한양 가는 영남 선비들의 애환, 이 두 가지 문화 텍스트가 선연하게 붙어 있다.

왜장 고니시 유키나가小西行長는 1만 8천 500명의 왜군 선봉을 이끌고 문경새재 입구인 진안리에 진을 쳤다. 문경새재의 길을 막아야 하는 조선의 장수는 신립申砬이었다. 그가 갖고 있는 병력은 8천 명이었는데, 이는 조선이 당장 가용할 수 있는 전부였으며 그들은 훈

금의환향의 길도 결국 삶의 고달픈 한 갈림길의 또 다른 시작이라는 이단상의 길은 애달프다. ©최우용

련이 안된 농민 모병군이 대부분이었다. 신립은 고뇌했을 것이다. 왜란 초기, 조선 조정에서 파악하는 왜군의 성격과 규모에 대한 정보는 부재했다. 신립 역시 당시 유키나가가 소유한 병력의 대략적인 규모조차 파악하기 힘들었을 것이며 후속 부대가 유키나가가 이끌고 있는 부대의 열 배에 가깝다는 것도 아득한 정보였을 것이다. 파죽지세破竹之勢. 대나무를 쪼개는, 조선의 입장에서는 대책 없는 기세로 북상하는 왜군에 대한 공포만이 확실한 정보였을 것이다. 그래서 신립은 고뇌하고 또 고뇌했을 것이다. 그는 공포에 질린 8천의 군사를 산속 협곡에서 운용하며 산발적으로 용병하기 어려웠을 것이다. 신립은 문경새재의 협곡의 요지를 포기하고 충주 달천(탄금

대)의 강변으로 이동하여 배수의 진으로 전멸했다.

이후 전략적 요충지로서의 중요성이 확인된 문경새재에는 관문 세 개가 설치되었다. 제1관문 주흘관, 제2관문 조곡관, 제3관문 조령관이 그것들인데, 관關은 국경이나 요지의 통로에 두어 드나드는 사람이나 화물을 조사하던 곳이다. 관은 밖에서 들어오려 하는 것들을 안에서 지켜내야 하는 물리적 실체이다. 그래서 관은 기슭과 기슭이 만나는 협峽의 골짜기에 위치하며 수직의 벽으로 안과 밖을 가르고 오직 문을 통해 선별적인 소통을 이룬다. 문경새재의 세 관문은 움직일 수 없고 또 움직여서도 안 되는 고정의 점點으로 시간의 기억을 적층시키고 있다.

임진왜란과 정유재란은 조선 반도를 초토화시켰으나, 삶은 이어졌다. 백성은 다시 쟁기와 보습으로 땅을 갈며 그 모진 삶을 살아냈고 영남의 선비들은 그들의 머릿속 삶을 현실의 삶으로 살려내기 위해 문경새재의 길을 넘었다. 그러나 어찌 조선의 모든 젊은 선비들이 높고 높은 과거科擧의 문턱을 넘을 수 있었겠는가? 문경새재를 넘어 왕도王都로 향하던 청운의 마음은 희망으로 차올랐을 것이나, 다시 그 마음 그대로, 급제의 기쁨을 안고 귀향했던 이는 손가락에 꼽았을 것이다. 많은 선비들은 낙방의 패배감을 안고 다시 그 길고 긴 문경새재의 길을 걸었을 것이다. 하물며 금의환향의 길이었다 해도 아직 문필의 테두리를 넘지 못한 새파란 젊은이들에게 조정의 붕당은 무척이나 서슬 퍼런 현실이었을 것이다. 그래서 문경새재의 길 위에는 삶의 모진 시험에 애달파하는 늙고 젊은 선비들의 자국이 남아 있다.

조령의 수목들/하늘 찌르고 추위는 매서운데//고개 마루에서 이별하니/날은 저물려 하네//고개 돌려 벼슬길/소용돌이 파도를 생각하니//이 길은 인간 세상에 비해/어려운 게 아니라

이단상李端相, 1628~1669의 〈조령에서 형님에게 주다〉라는 글이 지금의 문경새재 제3관문 가는 길에 걸려 있다. 그는 1648년, 약관의 나이로 진사시에 장원하였다. 금의환향의 길도 결국 삶의 고달픈 한 갈림길의 또 다른 시작이라는 그의 길은 애달프다. 문경새재의 길은 굽이치는 꼬불꼬불한 선線 위에서 시간의 기억을 적층시키고 있다.

건축가 루이스 칸은 많은 여인을 거쳤다. 너새니얼 칸Nathaniel Kahn은 루이스 칸의 세 번째 여인의 아들이다. 그는 늙은 아버지의 정을 많이 받지 못했다. 항상 부정父情이 그리웠으며, 그래서 아버지를 향한 애증이 교차했을 것이다. 파산 상태였던 루이스 칸은 1974년 펜실베이니아역 화장실에서 심장마비로 생을 마감했다. 그가 갖고 있던 유일한 신분증인 여권에는 어쩐 일인지 그의 이름이 지워져 있었다. 신원을 확인할 수 없었던 그를 알아보는 사람은 없었고 그의 주검은 3일 동안 시체 공시소에서 찾는 이 없이 보관되었다. 행려자의 마지막과도 같은 죽음이었다. 너새니얼 칸은 죽은 아버지의 기억을 찾아 떠난다. 그는 자신의 아버지, 전설의 건축가 루이스 칸의 건축

바람 같던 아버지가 만들어낸 자궁과도 같은 공간에서 아들은 용서와 화해의 유회를 즐긴다.
(영화 〈나의 건축가〉에서)

물을 찾아다니고 그와 함께 일했던 사람들, 그리고 그의 여인들과 배다른 형제들을 만났다. 그리고 그는 몇 해 전 〈나의 건축가 : 한 아들의 여행^{My Architect : A Son's Journey}〉이라는 다큐멘터리 영화를 남겼다.

영화에서 그는 루이스 칸의 명작, 솔크 생물학 연구소를 찾아 떠난다. 캘리포니아, 라호야 해안의 절벽 끝자락에 솔크 생물학 연구소가 있다. 두 동의 연구소 건물이 태평양으로 열려 있는 빈 마당을 품고 있다. 아무 조경도 꾸밈도 없이 허허로운 빈 중정은 비어 있어 오히려 극적이다. 빈 공간은 태평양의 푸른 바다와 하늘을 담고 있는데, 그래서 이곳은 창해滄海를 관조하는 공간이며 동시에 매체를 통해 건축적인 명장면으로 관조되는 공간이기도 하다. 너새니얼 칸

난 조곡교 옆에서 소년이었던 내 손을 잡고 이끌었던 내 젊은 할아버지를 만날 수 있었다. ©최우용

은 이 신성한 공간에서 불경스레 롤러블레이드를 타며 유유히 빈 마당을 돌아다닌다. 그런데 이 슬플 것 하나 없는 발랄한 장면은 슬프다. 바람 같던 아버지가 만들어낸 자궁과도 같은 공간에서 아들은 자신에게 정을 주지 못했던 늙은 아버지를 생각하며 용서와 화해의 유희를 즐긴다. 이 공간에서 그는 아버지를 이해하며 용서하고 또 화해했을 것이다.

장소 그리고 건축, 이것은 물리적인 땅덩어리^{장소}와 공간덩어리^{건축}만이 아니다. 장소와 건축은 그 물리적인 실체를 통해 있었던 일들과 관계된 일들 또는 지나간 시간을 기억하게 만든다. 마치 고향에서, 또는 옛집에서 유년의 기억이 떠오르는 것처럼. 장소와 건축이 적층시키고 있는 시간의 층위가 두꺼울수록 그 장소와 건축이 갖고 있는 기억의 소구력은 커진다. 그래서 사람들은 그들에게 의미 있는 장소와 건축을 찾아가 자신의 자리를 확인하고는 한다.

나는 어린아이였을 때 문경새재 길을 처음 걸었다. 그때 내 할아버지는 신립 장군의 이야기를 들려주었고, 고니시 유키나가가 천주교도였음을, 또 그를 따라 종군했던 푸른 눈의 포르투갈 선교사 프로이스에 대해 이야기해주었다. 그리고 제2관문 조곡관 앞의 조곡교에서 한숨 쉬어 갔다. 이 글을 마무리하기 얼마 전 나는 문경새재 길을 다시 걸었다. 그리고 조곡교 앞에서 소년인 내 손을 잡고 이끌었던 젊은 할아버지를 만날 수 있었다.

에필로그,
짧은 일기

|

2012년 2월 글쓰기를 마친 날.

　나는 결국, 사라져가는 것들 그리고 변해가는 것들을 이야기하고 싶었던 모양입니다. 원고를 마감하기 하루 전, 그러니까 몇 시간 전까지 나는 심한 몸살로 낑낑 앓아야 했습니다. 그리고 겨우겨우 끼적거릴 수 있었는데, 내 손에서 비실거리며 흘러나온 이 모든 글들이 설익고 사나운 풋내 나는 헛것이 아닐까라는 생각에 흠뻑 땀을 흘려야 했습니다. 그러나 기진한 나는 이미 쓰여진 것들을 어쩔 수가 없었습니다. 내가 끼적였던 이 모든 글들을 부정할 수는 없었기 때문입니다. 난 다만, 다시 내 서투른 밥벌이를 질질 끌고 갈 수밖에 없을 것이라고 생각했습니다.

내 할아버지 최병욱崔炳郁은 국학대학에서 국문학을 전공하고 《한국일보》 편집위원, 《서울신문》 편집부국장, 《현대경제일보》 및 《일요신문》 편집국장을 거쳐 《경향신문》 논설위원을 마지막으로 은퇴하였습니다. 이후 대한언론인회 부회장을 역임하였는데, 비교적 젊은 나이에 현장의 일선에서 물러난 할아버지는 어린 나의 손을 잡고 이곳저곳을 여행 다녔습니다. 그 정력적이고 왕성했던 당신의 청춘은 이제 당신의 삭정이처럼 마른 다리와 같이 지나간 아련함입니다. 내 할아버지의 움직일 수 있는 근육은 이제 목근육 아주 약간과 안면근육이 전부입니다. 나는 퇴근 후, 아주 잠깐 할아버지께 안부를 전하고 내 방에 틀어박히는데, 가끔 주체할 수 없는 울음이 울컥 쏟아질 때가 있습니다. 시간이 간다는 것과 그것을 붙들어 맬 수 없다는 사실은, 서른을 훌쩍 넘긴 지금의 나에게는 받아들이기 쉬워야 할 분명한 물리적 사실이겠지만, 목메이는 슬픔이기도 합니다. 내가 내 할아버지의 지나간 자취를 이 작은 책의 끄트머리에 기록하는 것은, 그것이 유교적 삶에 충실했던 할아버지께 맏손자인 내가 드릴 수 있는 마지막 기쁨이라고 생각했기 때문입니다.

2012년 7월 22일

일산 자유로와 강변북로에는 비가 내렸습니다. 부슬부슬 그리고 잿빛 하늘. 시간을 가늠하기 어려운 아침, 나는 차를 몰고 비 내리는 자유로와 강변북로를 달려 목동에 있는 병원으로 갔습니다. 그날 오후 할아버지는 잠들듯 영원히 잠들었습니다.

장례식장에서 코흘리개 아이들을 보는 일은 눈물겹습니다. 죽은 자는 그 자취 없이 사라졌고 죽은 자를 기억하는 어른들은 말이 없이 슬픕니다. 그러나 코흘리개 아이들, 저 철부지들은 장례식장을 뛰어다니고 자지러집니다. 저 아이들이 뿜어내는 생의 기운은 장례식장의 침묵 속에서 파장으로 퍼져나가며 삶의 또 다른 시작이 있음을 일깨웁니다. 할아버지의 장례식장에서 어린 조카들을 보는 일은, 그래서 슬픔으로 눈물겹고 기쁨으로 눈물겹습니다.

2012년 7월 25일

천안에서 인천으로 가는 고속도로에는 작렬하는 여름 햇빛이 칼날처럼 차 속을 파고들었습니다. 어느 식당에서 나는 밥을 먹고 소주를 마시고 그리고 토를 하듯 꺼억꺼억거리고 다시 집으로 향했습니다.

글을 쓸 수 있는 동기를 주신 이현화 선생님께 감사드립니다. 풀풀 날리는 글들을 다듬어 제대로 된 책으로 만들어주신 김현숙 님과 궁리출판 식구들께 감사드립니다.

결핍투성이인 나와 세상을 함께 걷고 있는 정선화 양께 감사드립니다. 세상을 볼 수 있는 두 눈과 땅을 딛고 걸을 수 있는 두 다리를 주신 내 사랑하는 아버지, 어머니께 감사드립니다.

맏손자라는 이유로 내게 조부와 조모의 모든 사랑을 양보해야 했던 내 열 명의 사촌 형님, 누님, 아우들에게 고마움과 미안한 마음을 전합니다. 다시 할아버지 무덤에 찾아가 이 작은 책을 놓겠습니다.

에필로그